소상공인
협동조합
A to Z

소상공인 협동조합

설립에서 경영까지
성공적인 협업을 위한 가이드

A to Z

이승일 · 김상영 · 주수원 · 최정환 지음

COOPERATIVE
착한책가게

차례

소상공인 협동조합을 위한
노하우를 모았습니다

경제협력개발기구(OECD) 자료에 따르면, 2019년 우리나라의 자영업자 비중은 OECD 38개 회원국 중 여섯 번째로 높습니다. 취업난에 견디다 못한 청년층, 은퇴 후 마땅한 생계수단이 없는 중장년층이 가게 창업으로 내몰리고 있습니다. 소상공인 사장님으로서 성공을 꿈꾸지만, 코로나 19를 이야기하기에 앞서 그 이전부터 소상공인의 상황은 계속 녹록지 않았습니다.

이런 소상공인 사장님들의 현실을 개선하기 위해 소상공인시장진흥공단에서는 2013년부터 소상공인 사장님들의 협동조합 설립과 경영 개선을 지원하는 '소상공인 협업화 사업'을 진행해오고 있습니다.

필자들은 그동안 '소상공인 협업화 사업'이나 협동조합 관련된 다양한 컨설팅, 강의 등을 해오면서 소상공인 협동조합들에 관심이 있는 소상공인 사장님들을 만나고, 소상공인 협동조합의 설립과 경영 개선에 도움을 드려왔습니다.

먼저 협동조합을 알고, 경험하고 실제 참여도 하고 있는 필자들은, 소상공인 협동조합이 우리나라 서비스 시장의 경쟁적인 환경 속에서 소상공인 사장님들의 생존과 발전을 도모할 수 있는 의미 있는 수단이 되리라고 확신합니다.

많은 소상공인들에게 협동조합은 생소한 기업 모델일 것입니다. 하지만 2021년 11월에 발간된 〈세계협동조합 모니터(World Cooperative Monitor)〉 자료를 보면, 2019년 세계 상위 300개 협동조합의 합계 매출액은 2조 1천8백억 1천 달러입니다. 느낌이 어떠신가요? 엄청나지 않나요?

우리는 기업이라고 하면 흔히 주식회사를 떠올립니다. 주식회사란, 주식을 가진 주주가 회사의 주인이 되고, 투자한 돈의 비중만큼 권한을 행사하고 책임도 지는 영리 목적의 회사입니다. 그러나 협동조합도 주식회사 못지않은 매출과 수익을 올리는 경쟁력 있는 기업이 될 수 있습니다.

1844년 12월, 영국 맨체스터의 외곽에 있는 로치데일이라는 작은 도시에는 가난한 공장 노동자 28명이 매주 2펜스씩 모아가며 각자 1파운드(현재 40만 원 정도)씩 겨우 겨우 마련한 출자금이 합쳐져 '소비자 협동조합'이 만들어졌습니다. 영업 첫날, 얼마 안 되는 출자금으로 마련한 상품은 버터와 설탕 각 25kg, 밀가루 6봉지, 곡물가루 1봉지, 양초 24개가 전부였을 정도로 초라했다고 하네요.

이것이 세계 최초로 '성공한' 협동조합으로 평가받으면서 오늘날 460만 명이 넘는 조합원이 가입해 있는 영국 최대의 소비자 협동조합인 코업 그룹(Co-op Group)으로 성장한 '로치데일 공정선구자 협동조합'의 시작이었습니다. 로치데일 공정선구자 협동조합의 성공에서 싹이 튼 협동조합은 오늘날 세계 곳곳에서 다양한 형태의 협동조합 기업으로 알찬 열매를 맺고 있습니다.

특히 소상공인들은 유럽 여러 나라에서 '소상공인 협동조합'을 만들어 성공적으로 운영하고 있습니다. 대표적으로, 프랑스에서는 오래 전부터 많은 소상공인 사장님들이 프랜차이즈 협동조합에 가입하고 있습니다. 개별 프랜차이즈 협동조합들은 상업협동조합 연합회로 모였습니다. 2020년 현재, 프랑스 상업협동조합 연합회에는 100여 개의 프랜차이즈 협동조합 그룹이 가입되어 있으며, 프랑스 소매시장의 30%가 넘는 시장 점유율, 우리 돈으로 207조 원이 넘는 매출 규모(1조 5천 억 유로)를 자랑하고 있습니다.[*]

그러나 소상공인 협동조합을 만들기만 한다고 무조건 성공

---

[*] 프랑스 상업협동조합 연합회 홈페이지 https://www.commerce-associe.fr/

할 수 있는 건 아닙니다. 필자들은 사업 경쟁력을 갖추고 이미 성장궤도에 진입한 소상공인 협동조합도 보았지만, 섣부른 준비와 수익 모델 미비, 조합원 간의 갈등 등이 원인이 되어 시작해 놓고 사업이 중단된 경우도 숱하게 봐왔습니다.

뿐만 아니라 소상공인 협동조합에 대해서 관심은 있지만 어떻게 만드는 것인지, 어디서 도움을 얻을 것인지에 대한 기초적인 정보를 구하지 못해 궁금해하는 소상공인 사장님들을 만나기도 했습니다.

그런 소상공인 사장님들께 도움이 될 만한 필자들의 경험과 노하우를 모아 한 권의 책으로 묶었습니다. 1장에서는 소상공인 협동조합과 소상공인 협업화 사업의 핵심 내용에 대해서 소개했습니다. 2장에서는 소상공인 협동조합의 국내외 사례를 소개하여 좀 더 생생하게 이해할 수 있도록 했습니다. 3장에서는 소상공인들이 가장 어려워하는, 그렇지만 무엇보다도 중요한 사업계획서 작성방법을 기초부터 심화까지 다루었습니다. 4장에서는 협동조합 운영을 위해 반드시 체크해야 할 세무, 노무, 갈등관리 방안 등에 대해서 다루었습니다.

이 책이 나오는 데에는 무엇보다도 현장에서 소상공인 협동조합을 운영하고 계신 소상공인 사장님들의 조언이 큰 도움이 되었습니다. 특히, 사례 발굴을 위해 현장 인터뷰에 협조해 주신 크래프트유니온 협동조합, 보리네 협동조합, 천안시 나들가게 협동조합에 큰 감사를 드립니다.

아무쪼록 이 책에서 얻은 유용한 정보와 통찰을 바탕으로, 소상공인 사장님들이 협동조합을 통해 경쟁이 치열한 우리나라 시장에서 더 훌륭한 협동조합 기업가로 거듭나시길 바랍니다.

소상공인 협동조합을 응원합니다.

저자 일동

1장

소상공인
협동조합이란?

1
소상공인 협동조합이
만들어지는 계기

빵집 사장 두 명이 만났습니다.

"요새 장사 어때?"

"늘 그렇지만 요즘에는 동네에 대기업 프랜차이즈 빵집도 생겨서 더 힘드네."

대기업 프랜차이즈 빵집의 경우 빵의 종류도 많고 통신사 할인 등 소비자들을 위한 혜택이 여럿 있기에 동네 빵집이 경쟁하기가 쉽지 않습니다. 한창 얘기를 나누는데 다른 빵집 사장이 연락을 해옵니다.

"동네 빵집들이 모여서 소상공인 협동조합을 만들면 정부에서 지원해준대. 우리 같이 만들면 어떨까?"

정부에서 지원금을 준다니 웬 떡인가 싶습니다. 그런데 공짜 점심은 없다고 하잖아요. 정부에서 소상공인 협동조합 지원 사업을 하는 이유가 있습니다.

우리나라 소상공인 사업체 수는 주요 11개 업종만 290만 개에 이릅니다. 중소벤처기업부와 통계청이 소상공인 실태조사를 한 결과 2020년 사업체당 부채는 1억 6,900만 원에 이르고요. 소상공인 총부채는 294조 원으로 2019년에 비해 19% 이상 늘어났습니다. 사업체당 연매출액은 2억 2,400만 원으로 전년 대비 1,100만 원(월평균 92만 원) 감소했고 영업이익은 1,900만 원으로 전년 대비 1,400만 원(월평균 117만 원) 감소했습니다.

　코로나 19 때문에 더 어려워졌다고들 하지만, 그 이전에도 소상공인들의 경제적 형편은 매우 어려웠습니다. 2018년을 기준으로 살펴봤을 때 소상공인의 일평균 근로시간은 10.1시간, 월평균 영업일수는 25.6일이었습니다. 이는 평균 임금근로자의 일평균 8시간 근로와 월평균 19.5일 근무보다 높은 수치이죠. 그러나 소상공인의 평균 영업이익은 3,400만 원으로 전체 임금근로자의 평균 소득 3,600만 원의 94% 수준이었습니다. 결국, 소상공인은 1억 원 이상 창업비용을 투자하고, 임금근로자보다 약 1.6배 이상 높은 노동 강도를 감내하지만, 소득은 임금근로자의 94% 수준으로 오히려 낮습니다(〈산업경제분석〉, 2021년 4월).

　중소벤처기업부에서는 이러한 소상공인들의 어려움을 해결하는 한 방편으로 소상공인 협업활성화 사업을 2013년부터 진행해왔습니다. 협동조합을 통해 소상공인 간 공동의 이익창출을 통한 경쟁력 제고, 영업 인프라 구축을 지원하는 사업입니다. 2021년 소상공인시장진흥공단 협업활성화 사업의 지원을 받은 조합은 총 632개이며, 2013년부터 현재까지 총 4,079개의 조합이 지원을 받았습니다.

2020년 소상공인 협업활성화 공동사업의 지원 조합(204개)의 조합원 414개의 소상공인 업체를 대상으로 실태 조사를 한 결과, 코로나 19 상황에서도 2021년 기준 조합원의 평균 매출액은 전년 대비 13.4%p 증가한 4억 원인 것으로 나타났습니다. 2021년 지원 조합은 평균 3.0명의 신규 일자리를 창출했고 조합원 수도 2020년 평균 8.8명에서 2021년 9.3명으로 증가하였습니다.

함께했을 때 어려움은 이겨내고 시너지는 더 발휘될 수 있습니다. 하지만 아직 소상공인 협동조합이 우리 사회에서 많이 낯선 게 사실입니다. 또 소상공인 협동조합을 운영하는 이들 역시 협동조합의 독특한 운영원리를 이해하지 못하는 가운데 협동조합만의 장점을 발휘하지 못하는 경우가 많습니다. 그런가 하면 사업계획을 철저히 세우지 않은 가운데 지원만을 바라보고 뛰어들어 시행착오를 겪는 경우도 많습니다.

그렇기에 이 책에서 소상공인 협동조합의 의미를 비롯해 사업계획을 잘 세우는 방법, 운영을 위해 체크해야 할 내용 그리고 국내외 사례를 살펴보도록 하겠습니다.

2
협동조합은
독특한 방식의 동업

우선 이 책을 읽는 소상공인 여러분 중에 협동조합 자체가 생소한 분이 많으실 겁니다. 농협, 수협, 신협은 들어보긴 했지만 소상공인들이 모여서 협동조합을 만든다는 게 무슨 의미일까 싶을 겁니다. 협동조합은 일종의 동업이라고 할 수 있습니다. 그렇지만 일반적인 동업하고는 다른 여러 특징이 있습니다.

먼저 전 세계 여러 나라 협동조합들의 연합체인 국제협동조합연맹(International Cooperative Alliance, ICA)에서 내리는 협동조합의 정의를 살펴보겠습니다.

공동으로 소유되고 민주적으로 운영되는 사업체를 통하여 공통의 경제적·사회적·문화적 필요와 욕구를 충족시키고자 하는 사람들이 자발적으로 결성한 자율적인 조직

아직 확 와 닿지는 않죠? 그럼 소상공인 협동조합을 설립하는 법적 근거인 협동조합기본법에서 내리고 있는 정의를 살펴보겠습니다.

재화 또는 용역의 구매·생산·판매·제공 등을 협동으로 영위함으로 조합원의 권익을 향상하고 지역사회에 공헌하고자 하는 사업조직

먼저 두 정의에서 공통되는 단어로 '사업체'를 찾아볼 수 있습니다. 국제협동조합연맹(ICA)에서는 "공동으로 소유되고 민주적으로 운영되는 사업체를 통하여"라고 표현되어 있고, 협동조합기본법에서는 "조합원의 권익을 향상하고 지역사회에 공헌하고자 하는 사업조직"이라고 되어 있죠. 엄연한 경제활동이며 사회주의 경제체계가 아닌 시장경제에서도 많이 확산되어 있는 사업 모델입니다.

그런데 이 사업체가 우리가 일반적으로 알고 있는 사업체와는 다른 다음과 같은 특징이 있습니다. "공통의 경제적·사회적·문화적 필요와 욕구를 충족"(ICA), "조합원의 권익을 향상하고 지역사회에 공헌"(협동조합기본법).

조금씩은 다르게 표현되어 있지만 "공동의 필요"를 충족하고자 함임을 알 수 있습니다. 협동조합은 공동의 필요를 느끼는 조합원, 이러한 필요를 바탕으로 실제 협동조합을 이용하고 참

여하는 이들의 필요를 충족시킬 것을 목적으로 하고 있습니다.

　마지막으로 운영원리 역시 일반 사업체와 다른 특징을 보입니다.

　"공동으로 소유되고 민주적으로 운영", "자발적으로 결성한 자율적인 조직"(ICA), "협동으로 영위"(협동조합기본법)라고 나와 있죠. 혼자가 아닌, 함께 의사결정을 하는 방식입니다. 이를 위해 공동의 규칙과 회의체계가 필요합니다. 협동조합에서 가장 기본이 되는 규칙은 정관입니다. 법치국가에서의 헌법과 같은 역할입니다. 헌법은 국가질서의 기본구조를 세우고 기본권을 보장하고 국민의 의무를 정의하는 역할을 하잖아요. 정관 역시 협동조합의 기본구조를 세우고 조합원의 권리와 의무를 정의하고 있습니다. 또한 이러한 공동의 규칙으로서 정관을 바탕으로 조합원들이 민주적으로 운영하는 회의체계를 갖춰야 합니다. 협동조합에서 총회와 이사회가 존재하는 이유입니다.

　다시 한 번 정리해보겠습니다. 우리가 협동조합을 설립하려는 목적으로서 필요, 그 목적을 달성하기 위한 수단으로서 사업, 운영방식으로서 규칙과 회의. 이 4가지 키워드를 중심으로 협동조합을 이해하고 설립해가길 권해드립니다.

　우리 소상공인들은 어떠한 필요로 협동조합을 설립하려 하는가? 우리가 함께 하려고 하는 사업은 무엇인가? 공동으로 운영할 때 중요한 규칙은 무엇이 있을까? 어떻게 하면 효과적으로 회의를 할 수 있을까?

이러한 협동조합의 핵심 원리는 다음의 7원칙으로 정리되기도 합니다.

1. 자발적이고 개방적인 가입
2. 조합원에 의한 민주적 관리
3. 조합원의 경제적 참여
4. 자율과 독립
5. 교육훈련 및 정보제공
6. 협동조합 간의 협동
7. 지역사회에 대한 기여

7원칙의 세부 내용에 대해서는 서울시협동조합지원센터의 〈협동조합 정의와 의미 / 2차시 : 협동조합의 원칙〉(https://youtu.be/dkTyDtrNQxk)을 참조하시기 바랍니다.

3
소상공인 협동조합
설립과정

소상공인 협동조합을 설립하는 과정은 크게 ①사람을 모으는 과정, ②모인 사람들이 함께 의사결정을 하는 과정, ③행정절차를 밟는 과정으로 나뉩니다.

먼저 사람을 모으는 과정을 설명해보겠습니다. 협동조합을 처음 시작하는 이들을 '발기인'이라고 부릅니다. 법률이 정한 협동조합의 최소 인원은 5명이기에 발기인은 최소 5명이 되어야 합니다. 그리고 뒤에서 다시 얘기하겠지만 소상공인 협업화 사업 지원을 받기 위해서는 조합원의 50% 이상이 소상공인이어야 해서 5인이 모인 경우 3명은 소상공인이어야 합니다.

발기인들은 모여서 우리가 어떤 사업을 할지를 논의하고, 협동조합으로서 체계를 잡는 정관에 대한 공부를 토대로 정관을 작성합니다. 정관은 무에서 유를 만드는 것이 아니라 표준정관이 있기에 이를 바탕으로 약간의 수정을 하면 됩니다. 중요한 건 표준정관의 내용을 이해하고 서로 합의하는 것입니다. 또한 표준정관 내용 중 사업의 종류를 비롯해서 여러분이 스스로 결정해야 할 내용들이 있는데 처음에 만들 때 이를 잘 만들어야 합니다. 그렇지 않으면 등기를 한 이후 정관 변경을 해야 할 사항이 생길 수 있고, 그럴 경우 다시 변경등기를 해야 하기에 비용과 시간이 불필요하게 들어가게 됩니다. 정관에 대해서는 4장에서 다시 살펴보겠습니다.

두 번째는 모인 사람들이 함께 의사결정을 하는 과정입니다. 협동조합에서는 회의가 중요합니다. 전체 조합원이 다 모여서 하는 회의는 총회의인데 이를 줄여서 총회라고 합니다. 그럼 이사들이 모여서 하는 회의는? 네, 이사회입니다. 운영위원들이 모여서 하는 회의는? 운영위원회입니다. 발기인들이 협동조합을 설립하면서 처음 하는 회의를 '창립총회'라고 합니다. 창립총회는 개최 7일 전까지 공고를 해야 합니다. 창립총회에서는 발기인 및 설립동의자 과반수가 출석하고 출석자 2/3 찬성으로 의결을 합니다. 이때 총회의사록도 작성하고요. 총회의사록에는 이사장 외에 3명이 기명날인을 해야 합니다. 총회의사록은 샘플이 있으니 너무 걱정하지 마시고요.

마지막으로 행정절차입니다. 창립총회를 마친 뒤 시청 내지 구청에 설립신고를 해야 합니다. 사회적경제과, 협동조합과, 일자리경제과 등에 협동조합 담당자가 있습니다. 또한 이러한 설립과정을 도와주는 지역의 사회적경제지원센터가 있습니다. 행정절차에서 다소 어려운 부분은 설립등기입니다. 개인사업자가 아닌 법인이기에 등기를 하게 됩니다. 설립등기 시 잊지 말아야 할 것이 총회의사록 공증을 받는 것입니다. 이때 총회에 참석한 이들의 인감증명서를 공증사무소에 들고 가서 하는 촉탁 공증을 하게 됩니다. 대체로 발기인 및 설립동의자 과반수의 인감증명서를 요구하지만 공증사무소에 가기 전에 한 번 더 확인을 해보시기 바랍니다. 그 뒤에는 세무서에 가서 사업자등록을 해야 합니다. 이 부분은 소상공인들에게는 익숙한 부분일 것입니다. 다시 한 번 설립 절차를 정리해보겠습니다.

---

1. 사람을 모으는 과정
   - 발기인 모집 : 5인 이상
   - 정관 작성 : 발기인이 작성
   - 설립동의자 모집 : 발기인에게 설립동의서 제출(모집하지 않을 수 있음)

2. 모인 사람들이 함께 의사결정을 하는 과정
   - 창립총회 공고 : 창립총회 개최 7일 전까지
   - 창립총회 : 발기인 및 설립동의자 과반수 출석 및 출석자 2/3 찬성으로 의결(총회의사록 작성)

3. 행정절차
   - 설립신고 신청 : 주사무소 소재지를 관할하는 시·도지사에게 신고 신청 (시청 내지 구청)
   - 설립등기 : 주사무소 소재지 관할 등기소(총회의사록 공증 필요)
   - 사업자등록 : 주사무소 소재지 관할 세무서

이제 행정절차 과정에서 필요한 서류들을 살펴보겠습니다. 먼저 설립신고 시 제출해야 할 서류를 살펴보겠습니다. 당연히 '설립신고 신청서'가 필요하겠죠. 그리고 다른 서류들을 앞서 이야기한 협동조합의 정의에 따라 공통의 필요, 사업, 규칙, 모임으로 나눠서 정리해보면 다음과 같습니다.

---

1. 공통의 필요한 부분

- 발기인 및 설립동의자 명부

2. 사업 관련한 부분

- 사업계획서
- 수입·지출 예산서
- 출자 1좌당 금액과 출자좌수를 적은 서류

3. 규칙 관련한 부분

- 정관 사본

4. 모임 관련한 부분

- 임원 명부
- 창립총회 개최 공고문
- 창립총회 의사록 사본

다음으로 등기를 할 때 '총회의사록 공증'을 받아야 하는데 이때 필요한 서류들을 살펴보겠습니다. 총회의사록 공증은 변호사가 참관하는 참관 공증 방식과 참여한 조합원들의 인감증명서 등을 제출받아 하는 촉탁 공증 방식으로 나뉩니다. 참관 공증 방식은 비용이 많이 들기 때문에 대부분 촉탁 공증 방식을 택합니다. 이 경우 조합원들에게서 다음과 같은 서류를 제출받아 공증을 해주는 법무사 사무실을 찾아가야 합니다. 법무사마다 요구하는 서류가 조금씩 다를 수 있기 때문에 미리 연락을 해서 확인해야 합니다. 보통 공증비용은 3만 원 정도 들어갑니다. 또 촉탁 공증 시 총회의사록 원본 2부를 제출하는 만큼 총회의사록 원본은 총 3부를 만들어놓아야 합니다. 총회의사록에는 이사장과 3명의 발기인이 대표로 인감도장을 찍고 간인을 하는데 처음에 한 번 해두면 나중에 다시 하는 번거로움을 피할 수 있습니다.

> **촉탁 공증시 필요서류**
>
> - 회의록 공증 촉탁 위임장 1부(조합원 인감 날인 및 인감증명서 제출)
> - 총회의사록 원본 2부
> - 정관 사본(원본대조필)
> - 창립총회 공고문
> - 진술서
> - 조합원 명부

또한 설립등기 시 비용이 들어간다는 점도 유의해야 합니다. 법무사를 통해서 하느냐, 출자금 총액이 어느 정도냐에 따라 달라지지만 대략 40만~100만 원 선입니다. 사실 이러한 비용마저 아깝다고 생각해서 협동조합 등기를 하지 않는 경우도 있습니다. 조합원 5명이서 출자금 10만 원씩 모아서 50만 원만 가지고 시작할 경우가 그렇습니다. 그런데 생각해보세요. 여러분이 소상공인으로 사업을 시작할 때 10만 원으로 할까요? 더욱이 우리는 개인사업자가 아닌 기업을 차리는 것입니다. 현실적인 비용 감각을 가져야 합니다.

어떠세요? 조금은 소상공인 협동조합 설립과정이 눈에 들어오시나요? 관련 서류들은 '서울시협동조합지원센터(https://www.15445077.net/) 〉 협동정보 〉 협동조합서류'에 잘 정리되어 올라와 있습니다. 유튜브의 서울시협동조합지원센터에서 만든 "이것만 알면 쉽다! 협동조합 설립절차 9단계 총정리" 영상도 참조삼아 봐주시기 바랍니다.(https://youtu.be/ihErmnUw-0s) 또한 서류를 작성하면서 지역별 협동조합 지원기관의 도움을 받을 수 있습니다. 기재부 협동조합 포털(https://www.coop.go.kr/) '설립안내 〉 중간지원기관'을 통해 지역별 기관명과 전화번호 등을 알 수 있습니다. 바로 대표번호 1800-2012로 전화해 연결할 수도 있고요.

다만 다른 서류들은 정형화되어 있어 위 지원기관의 도움을 받아 작성해가면 되는 데 반해 사업계획서의 경우에는 여러분 스스로 채워가야 할 내용이 많습니다. 또한 소상공인 협업화 사업에 신청할 경우 이 사업계획서의 내용이 무척 중요합니다. 이에 대해서는 3장에서 자세히 다루도록 하겠습니다.

4
소상공인 협동조합에 대한
지원사업

정부에서는 소상공인들을 위해 '상권정보(https://sg.sbiz.or.kr/) 제공', '신사업창업사관학교', '업종을 전환할 수 있는 재도약 프로그램', '온라인 판로지원사업' 등의 사업을 펼치고 있습니다.

그렇지만 무엇보다 효과적인 지원 정책이 소상공인 협업활성화 공동사업입니다. 이는 소상공인시장진흥공단에서 소상공인 간 공동의 이익창출을 통한 경쟁력 제고, 영업 인프라 구축을 지원하는 사업을 말합니다. 소상공인 협동조합의 자립기반을 구축하고, 협동조합 활성화를 통한 매출 극대화 및 일자리 창출을 목표로 하고 있습니다.

그렇다면 이 사업의 지원을 받기 위해서는 어떻게 해야 할까요? 우선 앞서 설명했듯이 협동조합기본법에 의해 설립된 협동조합으로서 조합원의 50% 이상이 소상공인에 해당해야 합니다.

또한 다음의 경우에는 지원에서 제외가 됩니다.

- 조합(연합회)의 국세 및 지방세 체납사실이 있는 경우
- 휴·폐업중인 조합(연합회) 및 조합원
- 소상공인 협동조합 실태점검 및 조사에 응하지 않은 경우
- 중소벤처기업부 소관 소상공인정책자금 지원제외 업종을 영위하고 있는 조합(연합회) 및 조합원(하나의 기업이 2개 이상의 서로 다른 사업을 영위하는 경우, 주된 사업(연매출액 비중이 가장 큰 사업)을 기준으로 함)
- 당해연도 사회적경제 성장집중지원 사업을 지원받은 경우
- 대기업 및 대기업 프랜차이즈 가맹점(단, 가맹본부와 가맹점이 상생협력을 위해 구매협동조합을 설립하는 경우 참여 가능(협약서 제출 필수))

  [대기업 및 프랜차이즈 확인방법]
  - 프랜차이즈 확인 : https://franchise.ftc.go.kr/
  - 대기업 확인 : http://www.kreport.co.kr/
  - 중소기업현황정보 확인 : https://sminfo.mss.go.kr(로그인 필요)

또한 영리를 목적으로 하지 않는 사회적협동조합과 중소기업협동조합은 제외됩니다. 즉 협동조합기본법에 따라 만들어지는 협동조합 중에서도 사회적협동조합을 제외한 영리 또는 수익사업을 하는 협동조합이 포함되고 중소기업협동조합

중에서도 협동조합 정관상 이익 배당에 관한 사항이 표기되어 있어야 하며, 수익사업을 하는 협동조합이 포함됩니다.

2022년 소상공인 협업활성화 사업 통합공고를 기준으로 했을 때 구체적인 대상은 다음과 같습니다.

구분		구성요건
(공통조건)	전체 조합원의 50% 이상이 소상공인	
초기단계	필수요건	(업력) 설립 1~3년차
성장단계	필수요건	(업력) 설립 4~6년차
	선택요건 (①~③번 중 택1)	① 조합원 10인 이상 ② 전년대비 매출 10% 이상 증가 ③ 전년대비 고용 10% 이상 증가
도약단계	필수요건	(업력) 설립 7년차 이상
	선택요건 (①~③번 중 택1)	① 조합원 20인 이상 ② 최근 3년 이내 매출 20% 이상 증가 ③ 최근 3년 이내 고용 20% 이상 증가

그리고 사회적 배려계층 및 정책적 고려대상은 현장평가 시 가점 우대됩니다. 다음 표에 있는 사항 중 해당되는 사항이 있는지 잘 살펴보시기 바랍니다.

구분	우대사항 해당내용
청년	이사장이 청년*인 경우 또는 청년*이 전체 조합원의 50% 이상인 조합 * 접수일 기준 만 39세 이하인 자
여성	이사장이 여성인 경우 또는 조합원(소상공인) 중 여성기업이 있는 조합
장애인	이사장이 장애인*인 경우 또는 조합원(소상공인) 중 장애인기업(확인서)이 있는 조합 * 장애인 증명서 또는 장애인 등록증 소지자
백년가게	'백년가게' 지정 조합원이 참여한 조합
제로페이 가입	'제로페이' 가맹 조합 또는 조합원이 참여한 조합
협업아카데미	협업아카데미(인큐베이팅, 교육, 컨설팅) 중 1개 이상 참여한 조합
풍수해 가입	풍수해 보험에 가입한 조합 또는 조합원이 가입한 조합
스마트 설비	스마트 설비를 도입한 조합 또는 조합원이 포함된 조합(유형A, B중) • (유형A) 스마트공장 보급·확산 사업 참여가 확인된 도입기업 • (유형B) 정부의 구축수준 확인제도를 통한 스마트공장 구축확인 기업
지역특구 소재	지역특구 내 소재한 소상공인협동조합(연합회)

현장평가 시 우대사항

이러한 요건들에 해당하여 선정되었을 때 지원내용은 다음과 같습니다. 초기단계의 경우 최대 1억 원(공동일반 80% 이내, 공동장비 70% 이내), 성장단계의 경우 최대 2억 원(공동일반 80% 이내, 공동장비 70% 이내), 도약단계의 경우 최대 5억 원(공동일반 80% 이내, 공동장비 70% 이내)입니다.

지원 분야		세부내용	〈성장단계〉		
			초기	성장	도약
공동장비		· 품목당 5백만 원 이상의 장비 지원 * 생산, 검사, 연구 등 공동사업 용도 / 차량지원 제외	V	V	V
공동일반	개발	· 신제품 · 기술, 공정개선, ERP 구축 등 각종 기법	V	V	V
	브랜드	· 브랜드(CI, BI, 네이밍, 캐릭터), 디자인(상품, 포장)	V	V	V
	마케팅	· 홍보물(리플릿, 카탈로그 등), 광고(온 · 오프라인), 전시회, 박람회 등		V	V
	네트워크	· 홈페이지, 온라인 판매시스템 등(3년 이상 유지관리 의무)		V	V
	규모화 사업	· 조합원 수 및 조합원 분포지역 확대를 위한 예비 조합원 대상 교육사업(설명회) 등 조합 자체사업			V
	프랜차이즈 시스템	· 정보공개서, 가맹계약서, 프랜차이즈 매뉴얼, 프로세스 및 공정개선을 위한 개발비			V

소상공인 협업활성화 사업 지원내용

　　구체적인 지원방법에 대해서는 3장에서 사업계획서 작성 방법과 함께 안내해드리겠습니다.

5
소상공인 협동조합을 돕는
소상공인 협업아카데미

처음부터 소상공인 협동조합에 대해 다 알 수는 없을 겁니다. 이 책을 천천히 읽어가며 협동조합의 특성에 대해 이해하고 소상공인 협동조합을 잘 설립하고 운영하기 위해 노력해야하는 부분들을 익혀가시길 바랍니다.

그리고 '소상공인 협업아카데미'도 잘 활용해보시기 바랍니다. 이는 협동조합이 낯선 소상공인들을 위해 소상공인 진흥공단에서 마련한 기관입니다. 소상공인 간 협업에 필요한 각종 프로그램을 제공하는 협업 플랫폼으로 상담, 교육 등 프로그램을 기획해서 운영하고 있습니다.

성장단계별로는 다음 표와 같은 지원을 하고 있습니다. 지역별 소상공인 협업아카데미 문의 및 온라인 신청(협업활성화 홈페이지 coop.sbiz.or.kr)에 신청하면 친절한 상담을 받을 수 있고, 전문가가 직접 찾아와서 상담/교육/멘토링 등의 서비스를 제공합니다. 지역별 기관 연락처는 이 책 맨 뒤에 실려 있습니다.

구 분	지원내용
준비단계	• (교육) 설립 전 교육(협동조합의 이해, 설립절차 및 설립방법 등) • (인큐베이팅) 비즈니스모델 도출 등을 위한 교육 및 팀 학습 등
초기단계	• (교육) 설립 후 기본교육(협동조합 기본법과 제도, BM 활용방안 수립 등) • (상담) 설립 초기단계 조합의 전문분야(세무, 노무, 법률 등) 상담 지원 • (연구회) 협동조합 내 자발적 학습 유도를 위한 활동 지원 등 • (자율 프로그램) 설립 초기단계 조합의 자립기반 확보를 위한 자율 프로그램 지원
성장단계	• (교육) 설립 후 심화교육(리더십, 성장전략, BM 활용 고도화 방안 등) • (네트워킹) 협동조합 교류 활성화를 위한 네트워킹 지원 • (자율 프로그램) 성장단계 조합의 혁신성장 촉진을 위한 자율 프로그램 지원
도약단계	• (교육) 조합 유형별 맞춤형 교육 등 • (네트워킹) 협동조합 교류 활성화를 위한 네트워킹 지원 • (자율 프로그램) 도약단계 조합의 성장형 조합으로의 정착을 위한 자율 프로그램 지원

성장단계별 지원내용

끝으로 소상공인 협동조합 협업단이 있습니다. 이는 소상공인 협동조합 간 모임을 구성하고 상호 교류활동 및 공동사업을 통하여 조합의 자생력 제고, 조직화 및 규모화를 위한 것입니다. 여러분도 소상공인 협동조합을 설립한 뒤에 가급적 이 협업단에 소속되어 정보도 나누고 서로 도움도 받으시길 추천합니다(참조 : 서울지역 소상공인 협업단 http://seoulcoop.kr/).

2장

소상공인 협동조합
사례분석

***

2장에서는 성공적으로 운영되고 있다고 평가받는 소상공인 협동조합의 사례를 소개하고자 합니다. 소상공인 협동조합을 계획하거나 운영하고 있는 소상공인 사장님들에게 도움을 드리고자 저자들은 3개의 소상공인 협동조합을 골라, 현장 방문과 함께 다양한 자료를 조사했습니다.

3개의 소상공인 협동조합을 선정한 기준은 다음과 같습니다. 먼저, 성공한 것으로 평가되는 소상공인 협동조합을 선정했습니다. 대한상공회의소의 발표 자료에 따르면, 창업기업의 5년 생존율은 29.2%라고 합니다. 그러니까 10개의 창업기업 가운데 5년을 유지하는 기업은 3개가 채 안 된다는 뜻입니다. 저자들은 5년 넘게 운영해온 소상공인 협동조합 중에서도 각종 언론 보도자료 등을 통해서 비교적 성공적으로 운영되고 있다고 평가되는 소상공인 협동조합을 선정하였습니다.

다음으로는, 소상공인 협동조합의 사례를 보고 참조하실 수 있도록, 비교적 익숙한 업종이면서도 소상공인 산업별 사업체 수와 종사자 수가 가장 많은 3개 업종 중에서 하나씩 선정했습니다. 2020년 소상공인 실태조사(2021년 12월 28일, 통계청)를 보면, 소상공인이 운영하고 있는 여러 산업 중에서도, 도·소매

산업별	2019년		2020년		증감		증감률	
	사업체 수	종사자 수	사업체 수	종사자 수	사업체 수	종사자 수	사업체 수	종사자 수
전체	2,771	6,443	2,902	5,573	131	-871	4.7	-13.5
제조업	356	1,177	369	1,118	13	-59	3.7	-5.0
도·소매업	891	1,870	915	1,557	24	-313	2.7	-16.7
숙박·음식업	660	1,553	710	1,301	49	-252	7.5	-16.2
교육서비스업	133	283	133	256	0	-27	0.1	-9.6
예술·스포츠· 여가업	97	188	97	149	0	-39	-0.1	-20.5
수리·기타서비 스업	293	441	302	396	9	-46	3.2	-10.4
기타산업	341	931	376	796	35	-136	10.2	-14.6

산업별 사업체 및 종사자 수

업, 숙박·음식점업, 제조업 등의 사업체 수와 종사자 수가 가장 많았습니다.

　마지막으로, 소상공인시장진흥공단의 소상공인협업 지원 사업을 잘 준비하고 활용한 사례를 뽑았습니다. 소개드릴 3개의 소상공인 협동조합 모두 소상공인협업지원 사업을 활용하여 성장의 발판을 마련한 사례라 할 수 있습니다.

1
협동조합으로 덕업일치,
속초 크래프트유니온 협동조합

맥주 시장의 판도가 바뀌었습니다. 맥주 마시는 행위 하나에도 개성과 차별화를 중시하는 젊은 층을 중심으로, 수제맥주 판매량이 점점 늘어나고 있습니다. 이러한 변화의 근원에는 오래 전부터 개성 있는 맥주를 만들어온 수제맥주 동호회들이 있었습니다. 크래프트유니온 협동조합은 이러한 맥주 동호회에서 만난 인연으로 협동조합 기업을 시작한 사례입니다.

흔히 덕질과 직업이 일치하는 것을 일컬어 '덕업일치(-業 一致)'라고 고사성어 형태를 빌어 이야기하죠. 크래프트유니온 협동조합은 맥주에 대한 자기만의 독특한 취향과 취미를 협동조합 창업으로 체화시킨 대표적인 덕업일치의 사례입니다.

그런데 우리는 여기서 '업(業)'에 주목해봐야 합니다. 어떻게 해야 작은 공방에서 우리끼리 수제맥주를 만들어 마셨던 취미가 업이 될 수 있을까요?

우리끼리 만들어 마실 때는 몰라도 되었지만, 업이 되려면 누가 우리의 경쟁자인지 알아야 합니다. 규모 있는 설비를 갖추어야 하고, 목표 시장을 정해야 하고, 유통할 수 있어야 합니다.

수제맥주 시장은 몇 년 전까지는 정부의 규제가 사업화와 규모화를 막는 큰 걸림돌이었지만, 2018년부터 주류와 관련한 여러 가지 규제가 완화되면서 시장이 성장하고 있습니다. 이에 따라 취미를 업으로 삼고자 관심을 갖는 분들이 늘어났고, 많은 분들이 그 유력한 대안으로 협동조합을 떠올리고 있습니다.

먼저 '크래프트유니온(craft union)'은 '손으로 뭔가를 만드는 사람들의 협동조합'이란 뜻입니다. 수제의 의미가 담겨있죠. 이곳에서 운영하는 수제맥주 펍(Pub)의 이름은 '몽트비어'입니다. 몽트(Mont)는 프랑스어로 산을 뜻하는 단어입니다. 수제맥주 공장과 펍이 있는 곳이 설악산과 울산바위까지 한눈에 볼 수 있는 곳이어서 조합원들이 이런 이름을 붙였다고 합니다.

크래프트유니온의 박도영 이사가 맥주 생산장비를 돌아보고 있다.

동호회에서의 만남이 협동조합 사업으로 이어지다

그럼 이들의 시작점을 살펴보겠습니다. 2013년, 현재 크래프트유니온 협동조합에서 이사로 일하고 있는 박도영 씨는 서울에서 글로벌 IT기업 한국 지사의 직원으로 일하고 있었습니다. 평소 미식가로 맛에 대한 내공이 남달랐던 그는 부서 회식 자리에서 수제맥주를 처음 맛보고는 맥주 맛의 새로운 세계를 알게 되었습니다.

어떻게 이런 맛을 낼 수 있는지 탐구하게 된 박도영 이사는 점점 수제맥주에 빠져들었습니다.

문제는 당시만 해도 수제맥주는 가격이 비싸서 샐러리맨이 쉽게 즐기기 매우 어렵다는 점이었습니다. 이런 상황에서 박도영 이사는 '수제'맥주니까 내가 만들어 먹을 방법도 있지 않을까 하는 생각에 인터넷을 검색하게 되었고, 결국 수제맥주 동호회와 만나게 되었습니다. 이렇게 현재 협동조합의 주축이 되는 김진용 이사장과 박도영 이사가 동호회에서 만나게 되었습니다.

먼저 수제맥주의 세계에 입문해 있었던 김진용 이사장은 박도영 이사에게 수제맥주 샘플을 보내주곤 했고, 서로 의견을 나누면서 친해졌습니다. 곧 두 사람은 의기투합하여 7~8년 동안 함께 수제맥주를 만들고, 유명한 수제맥주 브루어리를 찾아 전국 투어를 다녔습니다.

독일 철학자 헤겔이 말한, '양질 전환의 법칙'이라는 개념이 있습니다. 물이 열을 받아 계속 온도가 오르다가 어느 순간 끓는 점(임계점)에 다다르면 전혀 성질이 다른 '기체'로 변화하듯이, 양적 충족이 질적인 변화로 이어진다는 것입니다. 두 사람이 협동조합을 창업하기로 마음먹은 것은 덕질이 사업으로 진화한, 현실에서의 양질 전환 법칙의 사례로 들 수 있을 것입니다.

지역에서 수제맥주를 만들어볼 수 없을까 고민하던 김진용 이사장은 고향 속초에 맥주 공장과 펍을 할 만한 땅이 있으니 이를 바탕으로 '수제맥주' 사업을 본격적으로 해보자고 제안합니다. 두 사람은 속초가 우리나라의 대표적인 관광지이고, 그에 어울리는 수제맥주가 있다면 관광객들에게 충분히 어필할 수 있다는 데 생각이 일치했습니다.

사업으로서 수제맥주 제조회사를 만들기로 결심한 두 사람의 선택은 '협동조합'이었습니다. 박도영 이사는 설립자로 참여하는 누구도 소외받지 않고, 각자의 의견이 평등하게 존중받는 기업을 운영하고 싶어 협동조합을 선택했다고 합니다. 또한 협동조합의 장점을 살려, 조합원들의 역할 분담과 참여를 극대화한다면 충분한 경쟁력을 가질 수 있다고 보았습니다.

그러한 결정을 하게 된 배경에는 강릉원주대학교에서 직장인 대상으로 하는 사회적경제 야간교육을 수강한 경험이 있었습니다. 그리고 동호회 회원 중에서 자영업에 종사하는 사장님들에게 추가로 '수제맥주' 사업을 본격적으로 해보자는 제안을

크래프트유니온이 판매하는 수제맥주. 크래프트유니온에서는 조합원들의 참여를 바탕으로, 전문성이 가미된 독특한 수제맥주를 만들고 있다.

했습니다. 이렇게 해서 5명의 조합원이 출자금을 모아 2016년 9월 협동조합으로 등록하고 2017년 12월 첫 생산을 했고 시행착오 끝에 2018년 2월 첫 상품화에 성공했습니다.

조합원의 참여를 바탕으로, 협동을 통해, 조달할 수 있는 자원을 충실하게 활용하자

협동조합이기에 다른 운영방식은 무엇일까요? 제품 생산 기획에서부터 다르다고 합니다. 어떤 맥주를 생산할 것인가에 대해 조합원 저마다의 의견이 있고, 이를 모아가는 과정 자체가 협동조합스럽습니다.

각자의 취향만이 아니라, 가격이 저렴한 대중적인 맥주로 할지 고급화 전략으로 갈지에 대해 토론이 치열하게 이루어집니다. 이사장이라고 해서 의견이 다 받아들여지는 건 아닙니다. 최종으로는 테스트 매치를 해서 제조할 맥주가 선택됩니다. 그렇게 750ml에 3만3천 원인 맥주가 만들어졌습니다. 1년 동안 숙성해서 9도의 맛을 낸 고급 맥주였고, 결과는 매진이었습니다.

그렇다면 어려움은 없었을까요? 우선 장비 구매와 세팅에서 많은 어려움을 겪었다고 합니다. 조합원들이 십시일반 모아 2억 원의 출자금을 마련했지만 이것만으로는 부족했습니다. 기술보증기금의 대출을 통해 4억여 원의 초기 자본을 마련하고, 2017년에 소상공인시장진흥공단의 지원을 받아, 정부지원금 6천만 원과 자부담금을 활용하여 효모탱크, 맥주저장탱크, 양조 장비를 들여놓을 수 있었습니다.

박도영 이사는 그렇다고 외부의 지원에 의존해서 시작해서는 안 된다고 거듭 강조합니다. 정부지원금은 심사를 통해 결정되기에 어느 범위까지 받을 수 있을지 확신할 수 없고, 기본적으로 조합원들 내부의 자본이 바탕이 되어야 사업 진행에 어려움이 적다는 것이 경험에서 우러난 이야기입니다.

크래프트유니온 협동조합은 조합원이 모두 개인사업자로서 다양한 사업 경험을 가지고 있었기 때문에 맥주 제조업이 장치산업이라는 것을 잘 이해하고 있었습니다. 장치를 갖추기 위해서는 충분한 자본이 필요하다는 것을 인식하고 있었기에, 조합 설립 시 2억 원의 출자금과 기술보증기금 대출까지 이용했던 것입니다. 이 점은, 소상공인 협동조합을 시작하려는 소상공인 사장님들에게도 사업의 초기 정착을 위한 매우 중요한 시사점을 줍니다.

또 하나 생각해볼 점은, 좋은 제품을 만들어 놓는다고 다 팔리는 것은 아니라는 점입니다. 어느 정도 초기 매출이 나오면서 크래프트유니온 협동조합 조합원들은 판매망을 넓히기 위한 방법과 꾸준한 인지도 향상을 위해 필요한 것이 무엇일까를 고민했습니다.

이때도 역시 소상공인시장진흥공단의 협업활성화 사업을 활용했습니다. 2차년도에 차량을 지원받아 수도권까지 수제맥주를 배송할 수 있는 시스템을 구축하면서 매장을 벗어나 외부에 제품을 판매할 수 있게 되었습니다. 아울러 홍보 브로슈어를 만들어 속초 지역 내 리조트 및 주요 관광지와 관광안내소에 꾸준히 배포했습니다. 이런 노력이 기반이 되어 점점 몽트비어의 인지도가 높아졌습니다.

마지막으로 크래프트유니온의 사례에서 주목할 점은 협동조합만의 차별성으로, 지역과의 연계를 꼽을 수 있습니다. 크래프트유니온 협동조합은 지역 농민들이 생산한 농산물로 새로운 맥주를 만들고자 했습니다. 2019년부터 관광두레 주민사업체*로 선발되어, 다양한 파일럿 테스트를 시행해볼 수 있었습니다. 이렇게 해서 속초 설악산 자락 응골 딸기마을의 딸기로 만든 스트로베리 맥주, 양양 곰마을의 복숭아로 만든 피치화이트

---

* 관광두레는 지역 주민들이 스스로 힘을 모아 공동체를 구성하고, 주민의 역량에 맞는 관광사업을 창업·경영할 수 있도록 육성·지원하는 정책 사업으로, 문화체육관광부와 한국관광공사가 주최하고 주관하는 사업입니다. https://tourdure.visitkorea.or.kr/

맥주가 시장에 나왔습니다. 효모도 강원도농업기술원에서 개발한 강원도 토종 김치유산균과 누룩효모를 이용하고 있고요.

최근 이들은 새로운 아이템인 화장품에도 도전했습니다. 맥주와 화장품이 선뜻 연결이 안 되지만 부산물을 활용해 훌륭한 2차 상품을 만들 수 있다고 합니다. 먼저 효모가 탈모에 좋기 때문에 이를 활용해서 샴푸를 만들었습니다. 또한 홉에서 에센스를 추출해서 클렌징을 만들었습니다.

사실 이렇게 농사를 짓고(1차산업), 그 재료를 가공(2차산업)하여 시장에 판매(3차산업)하는 활동을 6차산업이라고 합니다. '1+2+3=6'인 것인데요, 정부에서는 이미 '농촌 융복합산업 육성 및 지원에 관한 법률'을 마련해 6차산업을 지원하고 있습니다. 크래프트유니온 협동조합은 6차산업 지원제도 또한 활용하고 있습니다.

맥주 부산물을 이용해 만든 화장품과 비누. 네이버 스마트스토어를 통해서도 판매하고 있다. https://smartstore.naver.com/montbeer

크래프트유니온 협동조합의 성공 비결

크래프트유니온 협동조합의 성공 비결을 살펴보겠습니다.

첫째로 처음부터 조합원들이 사업의 성격을 잘 이해하고 어느 정도 위험을 나누어 부담하고자 했다는 점입니다. 많은 협동조합들이 지원을 받을 수 있지 않을까 하는 막연한 기대를 가지고 출자금을 제대로 산정하지 않을 때가 많습니다. 크래프트유니온 협동조합은 실제 사업 자금으로 필요한 출자금을 정확하게 계산하려고 애썼고, 가능한 한 충분하게 확보한 가운데 시작했습니다.

둘째, 수제맥주 시장이 성장하리라는 트렌드를 정확히 예측했습니다. 협동조합이 성공하기 위해서는 기본적으로 아이템이 경쟁력이 있어야 합니다. 아무리 조합원들 간의 관계가 끈끈하더라도 시장 경쟁력이 없다면 성공하기가 어렵습니다. 아무래도 이 부분은 조합원들이 맥주시장의 변화를 선도해온 수제맥주 동호회에 몸담고 있었기 때문에 자연스럽게 채워진 것으로 보입니다.

셋째, 협동조합이 이용 가능한 지원사업을 효율적으로 활용했습니다. 가지고 있는 네트워크를 적극 활용하여 사업의 기회를 확장하고자 노력했습니다. 소상공인 협업지원 참여, 관광두레 참여, 6차산업 참여 등이 그 예입니다.

넷째, 핵심 자원에 대한 새로운 생각을 가졌기에 버려지는 부산물이 폐기물이 되지 않고 화장품이 될 수 있었습니다. 이렇게 새로운 가치를 찾으려는 노력이야말로 협동조합 기업가들에게 큰 모범이 된다고 하겠습니다.

다섯째, 지역사회와 함께하려는 노력이 매우 중요합니다. 실제 수제맥주는 원료의 대부분을 수입에 의존하는 경우가 많다고 합니다. 하지만 크래프트유니온 협동조합은 지역 농민들과 협력관계를 만들고, 지역의 재료를 조달하여 맥주를 만들려는 노력을 계속하고 있습니다.

이렇게 지역에서 사람과 재료를 조달하려는 노력은 지역의 관심과 지지를 얻는 바탕이 되고, 지역성이 바로 협동조합의 지속가능성을 높이는 큰 장점이 될 것이라고 생각합니다.

더 성장하기 위해 고민해볼 것들

추가로 앞으로 더 성장할 수 있는 방안도 덧붙여봅니다.

첫째, 고객관계 측면에서 로열티를 높이는 멤버십 제도를 고민해보면 어떨까요? 미리 멤버십 가입비를 받아놓으면, 이는 추가적이며 안정적인 수익 모델로 연결될 가능성이 있습니다.

둘째, 조합원의 추가 발굴이 필요합니다. 조합원은 고객이자 파트너가 될 수 있습니다. 특히 적당한 규모의 자본을 출자할 수 있는 조합원의 추가 발굴이 중요합니다.

끝으로, 수제맥주 협동조합이 점차 늘어날 경우 연합회에 대해서도 검토해볼 수 있을 것입니다. 2022년 1월 기준 수제맥주 제조면허 수는 163개, 이중 편의점에 수제맥주를 납품하는 업체는 10곳에 지나지 않습니다. 편의점 입점을 위해서는 일반적으로 초도물량 20만 캔을 생산할 수 있어야 합니다. 영세한 수제맥주 업체들이 그 정도 생산설비를 갖추는 것은 당연히 어려운 일이죠. 수제맥주 브루어리가 늘어나고, 일반 맥주 제조 공룡인 대기업들도 이미 수제맥주 쪽으로 진출하는 상황에서 경쟁은 점점 더 치열해질 것입니다. 지속적인 비용 상승, 원자재의 안정적 조달 어려움(기후변화 관련), 유통비용 증가 등도 무시할 수 없는 환경 요인입니다. 미국에는 100개가 넘는 독립 브루어리가 모여 독립 브루어리 연합(The Independent Brewers Alliance, IBA)을 만들고, 공동구매 활동을 통해 원자재 구매와 운영 비용 절감을 이미 실천하고 있습니다.(https://www.brewersalliance.org/independent-brewers-alliance/ 참조)

크래프트유니온 협동조합의 비즈니스모델에서 얻는 시사점

협동조합 비즈니스모델을 생각할 때 협동조합에서 생산한 제품이나 서비스를 구매하는 고객도 중요하지만, 조합의 사업에 공동구매자나 공동생산자로 참여하는 조합원도 중요한 내부 고객임을 고려해야 합니다.

비즈니스모델 캔버스*는 조합의 제품이나 서비스를 구매해주는 외부 고객용 하나, 공동구매자나 공동생산자가 되는 협동조합 조합원용 하나를 따로 그리는 것이 가장 이상적입니다. 하지만 편의를 위해 한 장의 비즈니스모델 캔버스에 조합원 측면의 내용을 굵은 글씨로 함께 작성해 넣는 것도 한 방법입니다.

　　크래프트유니온 협동조합의 경우 물적인 자원인 양조시설과 우수한 자연환경을 가진 위치에 입지한 펍 등의 강점을 가지고 있습니다. 아울러 오랜 기간 쌓인 수제맥주 관련 지식은 무엇보다 조합의 큰 자산입니다. 그리고 조합의 부족한 자금이나 홍보 역량을 해결하기 위해 적극적으로 각종 지원기관의 지원제도를 이용하고, 지원사업을 성공적으로 수행함으로써 지원기관의 채널을 통한 홍보효과를 누리는 점이 돋보입니다. 즉, 핵심 파트너를 잘 활용하고, 핵심 파트너를 통해 핵심 활동인 브랜드 홍보 등에 큰 도움을 얻고 있는 것이죠.

　　고객관계의 측면에서는 6차산업 및 관광두레 사업과 연계한 다양한 체험 프로그램을 통해 고객과의 깊이 있고 지속적인 관계를 만들고, 그렇게 함으로써 속초를 방문하는 관광객들이나 맥주 동호인들의 숫자를 늘려 지역사회에 기여하는 사회적 가치가 더해지리라고 생각합니다.

----

* 비즈니스모델 캔버스는 사업을 할 때 반드시 고려해봐야 하는 9개의 주요 사업요소를 한눈에 볼 수 있도록 만든 도구입니다. 화가가 캔버스에 그림을 그리듯이, 사업을 이루는 각 요소를 유기적으로 연결시켜 어떻게 기업이 수익을 만들어내는지 한눈에 이해할 수 있도록 도와줍니다.

핵심 파트너 *Key Partners*	핵심 활동 *Key Activities*	가치 제안 *Value Proposition*	고객관계 *Customer Relationships*	고객군 *Customer Segments*
각종 지원기관 관광두레 주민사업체 인근 농민(주민) 속초시 속초시내 관광회사 타 수제맥주 회사 조합원	상품개발 상품홍보 네트워크 관리 협동조합 직원 관리 오프라인 매장 관리 **조합원의 협업**	다양한 맛 스트레스 해소 위로 브루어리가 있는 고장의 정서와 문화 **덕업일치의 즐거움** 부가 수익 창출	함께 만들기 체험하기 **조합원 유대관계 강화 (제품개발, 대화, 소통 등)**	맥주 애호가(동호인) 관광객 수제맥주 전문점 지역 대형호텔 및 리조트 마트 / 편의점
	핵심 자원 *Key Resources*		채널 *Channels*	조합원
	오프라인 매장 체험장 브루어리 시설 협동조합 직원 출자금 및 지원금 **조합원**		오프라인 매장 온라인 매장 SNS **조합 미팅**	
비용 구조 *Cost Structure*			**수익원** *Revenue Streams*	
인건비, 임대료, 공장 및 사무실 운영비, 원재료 구입비 등			오프라인 매장 맥주 판매 수익 온라인 매장 상품 판매 수익 관광두레, 6차산업 지원금	

크래프트유니온 협동조합 비즈니스모델 캔버스

2
프랜차이즈 '보리네 생고깃간'을 운영하는
보리네협동조합

지난 대통령 선거에서, 모 정당의 대선 후보가 심각한 음식업 폐업 현황을 지적하면서 '음식점 총량제' 도입 가능성을 언급하여 음식점에 대한 관심이 높아진 적이 있습니다.

국세청 국세통계를 인용해 산출한 결과를 보면 2019년 기준 음식점업 폐업은 16만2천 개로 집계돼 폐업률이 21.5%에 달했습니다. 이는 전체 산업 평균 폐업률(11.5%)의 배에 가까운 수치입니다. 폐업률은 그해 가동사업자 수 대비 폐업자 비율을 의미합니다. 이런 음식점업 폐업률은 2019년 국세통계 기준으로 52개 업종 가운데 1위에 해당합니다.(2021.10.28., 연합뉴스TV)

음식점 폐업률이 다른 산업에 비해
높은 이유는?

첫째는 상대적으로 진입장벽이 낮아서입니다. 바꿔 말하면 음식 장사를 너무 쉽게 생각한다는 것이죠. 그렇기에 준비 수준이 낮은 예비 창업자들의 유입이 잦고, 그로 인해 창업과 폐업이 반복됩니다.

또한 음식점 창업을 쉽게 생각하다 보니 상대적으로 공부가 부족합니다. 음식점 장사를 잘하기 위해서는 공부해야 할 것이 많습니다. 상권에 대한 공부는 물론이거니와 마케팅, 세무관리, 노무관리, 고객 서비스 등 점주가 알고 실행해야 할 것들이 넘쳐납니다. 그런데 많은 경우 제대로 공부를 하지 않습니다. 또 혼자 시작하는 경우가 너무 많습니다. 내가 모르면 잘아는 다른 사람의 조언이나 도움을 받아야 하고, 그런 인맥이나 네트워크가 매우 중요합니다. 문제는 혼자서 모든 일을 처리하려다 보니 너무 일상에 매몰되어 하루하루를 보내는 소상공인들이 많다는 것입니다.

둘째로, 임대료, 인건비 등의 비용은 계속 오르는데 소상공인 사장님 개인이 이런 외부환경에 적절하게 대처할 방법을 찾기가 매우 어렵습니다.

셋째, 우리나라는 미국, 일본과 비교해 음식점 수가 인구 대비 3배인 상황으로 '제로섬 게임'으로 불릴 만큼 경쟁이 포화

상태입니다. 이러다 보니 경쟁력이 없는 음식점들은 폐업으로 내몰리는 형편입니다.

높은 폐업은 엄청난 사회적 비용의 손실로 나타납니다. 한국은행의 2020년 8월 경제활동인구 조사에 따르면 숙박·음식점 업체의 평균 창업자금 규모는 7,220만 원으로 제조업(3,460만 원)과 서비스업(4,870만 원) 등에 비해 높았습니다.

프랜차이즈의 빛과 그늘

이런 상황에서 경험도 적고 자기 자본의 투자는 많을 경우 초보 사장님들이 찾게 되는 것이 바로 프랜차이즈입니다. 프랜차이즈의 어원은 프랑스어 'franchise'로, 국왕이 지역에 자주권을 부여하거나 노예에게 자유를 줄 때 교부하는 서면을 의미했습니다. 아울러 국왕이 부여하는 광물 개발권, 상품 독점 판매권 등도 franchise라고 불렸다고 합니다. 즉 자유와 특권을 의미하는 말이 프랜차이즈였던 것이죠.

그것이 본사에서 개인(가맹점)에게 사업권을 준다는 의미로 진화한 것은 19세기 말이었습니다. 미국 아이작 싱어가 자신이 만든 '싱어재봉틀'을 1895년 판매업자에게 라이선스 비용을 받고 판매권을 주면서 가맹사업 개념이 생겨났다고 합니다. 이후 1932년 미국 매사추세츠 주에서 레스토랑을 운영하던 하워드 존슨이 상표와 메뉴 사용권을 주고 수수료를 받은 것을 프랜차이즈 사업의 시초로 보고 있습니다.

프랜차이즈는 크게 프랜차이저(franchisor)와 프랜차이지(franchisee)로 구성됩니다. 가맹본부(프랜차이저)와 가맹점(프랜차이지)은 기본적으로 대등한 관계입니다. 가맹점이 본부에 종속된 관계가 아닌, 계약에 의해 단일 브랜드를 사용하는 사업 파트너 관계이기 때문이죠. 프랜차이즈에는 다양한 장점이 있습니다. 본사 브랜드의 인지도, 본사로부터 재료나 조리법·영업방식·마케팅에 대한 전반적인 노하우를 얻을 수 있다는 점은 초보 음식점 창업자들에게 매력적으로 다가옵니다.

그럼에도 현실에서는 프랜차이즈 본사와 가맹점들 사이에 형성된 갑과 을의 수직 관계가 큰 문제가 되고 있습니다. 이렇게 된 데는 창업으로 내몰린 초보 음식점 사장님들이 정확한 정보를 파악하지 않은 채 양적 성장에만 급급한 몇몇 프랜차이저의 사탕발림에 넘어가는 것이 한몫을 합니다. 그뿐만 아니라 후진적인 인식을 가진 프랜차이즈 경영진들이 불공정한 계약조건을 내걸고 프랜차이지를 착취하는 등 대등한 관계로 인정하지 않기 때문이기도 합니다. 특히 사회적 문제가 되었던 몇몇 프랜차이즈의 갑질 사례를 보면, 프랜차이즈 가맹점 사장님들이 부담해야 할 구조적 리스크가 프랜차이즈 창업의 위험 요인이 되는 것이 사실입니다.

대안으로 떠오른 프랜차이즈 협동조합

　이러한 요식업 창폐업 환경을 개선하고 사회적 비용을 줄이기 위한 대안으로 떠오른 것이 프랜차이즈 협동조합 모델입니다. 외식업 프랜차이즈 협동조합으로 가맹사업 정보제공 시스템에서 검색되는 협동조합은 모두 21개가 있습니다.(2021년 9월 기준) 업종도 피자, 일식, 한식, 중식, 맥주, 커피, 돼지고기를 비롯한 기타 외식류 등 외식업 프랜차이즈 협동조합은 상당히 다양한 분야에서 찾아볼 수 있습니다.

　그중에서도 협력의 힘과 기업가정신으로 미래를 열어간다는 모토하에 프랜차이즈보다 쿱차이즈를 내세우며 지속가능한 프랜차이즈 협동조합의 발전을 도모하기 위해 설립된

쿱차이즈 유형	해당 쿱차이즈
기존 가맹본부를 탈퇴한 가맹점들의 도전	피자연합쿱차이즈, 1830쿱차이즈
기존 가맹본부가 쿱차이즈 시스템으로 전환	보리네쿱차이즈
자영업자들의 동일 업종 네트워크	포장이사쿱차이즈, 서울디지털인쇄쿱차이즈, 자동차장비쿱차이즈, 한국화원쿱차이즈
신규로 쿱차이즈 가맹본부 설립	베러댄와플쿱차이즈, 더덕솥뚜껑삼겹살쿱차이즈
직원협동조합으로 가맹본부 운용	해피브릿지협동조합

출처 : http://www.coopchise.co.kr/bbs/content.php?co_id=sub0104

다양한 국내 쿱차이즈

쿱차이즈 그룹의 활동이 두드러집니다. 쿱차이즈 그룹(www.coopchise.co.kr)은 이미 성공적으로 운영되고 있는, 국내 협동조합 프랜차이즈 대표 주자들이 모여 만든 것입니다. 프랜차이즈 협동조합의 지속가능한 발전을 도모하기 위해 2019년 2월 창립총회를 갖고 활발하게 활동하고 있습니다.

대표적인 프랜차이즈 협동조합, 보리네협동조합

이중에서 기존 가맹본부가 프랜차이즈 협동조합으로 전환하여 프랜차이즈를 선도하는 대표 브랜드, 보리네협동조합을 살펴보겠습니다. '도울 보에 이로울 리, 도와서 이롭게 하자'는 의미를 지닌 보리네협동조합은 '점주를 위한 프랜차이즈 협동조합'을 모토로 가맹점 점주가 본사 경영에 참여할 수 있는 프랜차이즈 브랜드입니다.

보리네협동조합은 ㈜다담이라는 프랜차이즈 회사가 2008년부터 '보리네 생고깃간'이라는 브랜드로 운영해오던 사업을 2017년 9월 협동조합으로 전환한 사례입니다. 현재 보리네협동조합은 27개 가맹점 중 15개 가맹점이 조합원 매장으로 운영되고 있고, 조합원도 15명입니다. 2020년 매출은 36억 6천만 원이었고, 조합 가입을 위한 출자금은 2천만 원입니다.

비조합원 매장에는 25%의 마진을 더해 육류를 공급하지만 조합원 매장에는 원가로 공급합니다. 다만 조합원들은 매월

경기도 시흥에 있는 '보리네 생고깃간' 본사. 1층에는 보리네 생고깃간의 고기를 팩으로 구입할 수 있는 '보리네 M플러스'도 운영하고 있다.

협동조합 운영분담금으로 비조합원 가맹점 공급가의 80%에서 100%의 운영분담금을 내고 있고, 운영분담금 비율은 매년 총회에서 조합원들이 논의해 결정합니다. 이렇게 한 해 운영을 해서 발생한 수익은 결산 후 조합원들에게 배당으로 돌아가게 됩니다. 조합의 운영이 원활할 경우 조합원들이 부담하는 운영분담금보다 배당으로 돌아오는 이익이 더 커지는 구조입니다.

보리네협동조합은 어떻게 생겨나게 되었을까?

'보리네 생고깃간'이라는 브랜드는 손재호 대표가 2008년부터 ㈜다담이라는 프랜차이즈 사업으로 운영해오던 것입니다. 성장해가던 프랜차이즈 사업은 2012년부터 가맹점 확대가 정체되었고, 2013년 43개를 정점으로 가맹점 수가 점차 줄어들고 가맹점 수익률도 낮아지게 되면서 가맹본부의 위기가 고조되었습니다. 협동조합으로 전환한 2017년 상반기에는 가맹점이 28개로 줄고, 가맹본부의 손실은 2년 연속 적자를 기록했습니다. 상품 개발 및 가맹점 확장이 성장의 관건이었던 당시 상황에서 수익률 감소는 손재호 대표에게 큰 고민을 안겨주었습니다.

"고기 값의 상승폭은 크지 않았어요. 모든 창업 시장이 비슷한 문제를 안고 있는 것 같은데, 인건비, 임대료 등 다양한 비용은 올라가고 매출은 한계가 오는 것 같아요. 매장이 잘되면 재계약 단계에서 임대료는 두 배로 올라가잖아요."

이런 상황에서 사업의 지속가능성과 성장을 고민하던 손재호 대표는 협동조합을 떠올렸습니다. 손재호 대표는 가맹점주들에게 더 많은 이익이 돌아가는 구조로 바꾸면 가맹점이 더 늘어날 수 있고, 본부는 조합원인 가맹점주들이 동의하는 수준의 로열티를 받아 운영하면 사업 기반을 훨씬 안정적으로 다질 수 있겠다고 생각한 끝에 프랜차이즈 본사를 협동조합으로 전환하기로 결정했습니다.

협동조합에 대해서는 어떻게 알게 되었을까요? 2017년 봄, 손재호 대표는 대안학교를 다니던 자녀들의 미래를 고민하던 학부모들과 협동조합을 공부하고 있었다고 합니다. 그리고 보리네협동조합의 1대 이사장이 된 정창윤 대표와는 대안학교

운영위원회 학부모 모임에서 만나 오랜 시간 교류를 이어온 사이였다고 하네요.

정창윤 대표는 24세 때 처음으로 스페인의 몬드라곤 협동조합의 사례를 접하고 큰 감명을 받았습니다. 그 이후 협동조합에 관심을 갖고 지속적인 공부과 컨설팅, 강의, 창업 등을 통해서 협동의 삶을 실천하고 전파해왔습니다. 그러던 어느 날 손재호 대표와의 저녁 술자리에서 협동조합을 통해 가맹점사업자와 가맹본부가 동반성장하는 시스템을 만들고자 하는 손재호 대표의 고민을 듣고, 진짜 하려면 나도 참여하자고 했답니다.

이때부터 7개월이라는 시간 동안 협동조합 설립 컨설팅이 진행됩니다. 무엇보다 협동조합이라는 개념을 이해하지 못하는 가맹점 점주들을 설득하는 데 긴 시간이 들었습니다. 아울러 협동조합 조합원의 이익이 실현되도록 설계하는 부분도 어려운 도전이었다고 합니다.

특히 처음부터 출자금을 2천만 원으로 정했는데, 출자금 부담을 낮춰 더 많은 조합원을 확보하자는 의견을 두고 갑론을박을 거듭했습니다. 그러한 끝에, 고깃집을 하는데 2천만 원 정도는 출자해야 조합 참여 시 운영에 대한 부담도 기꺼이 질 수 있을 것이라는 주장이 동의를 얻었다고 합니다. 이처럼 각오가 되어 있는 가맹점주를 조합원으로 삼기 위해 조합 출자금 기준을 높인 것이 조합의 정착에 큰 도움이 되었습니다.

2017년 7월 프랜차이즈 본사를 협동조합으로 전환하기로 결정하고 보리네협동조합 발기인 모임을 했다.

보리네협동조합의 경쟁력

프랜차이즈 본사의 협동조합 전환사례는 주변에서 흔히 보기 어려운데, 이처럼 협동조합으로 전환한 보리네협동조합은 어떻게 경쟁력을 키워왔을까요?

첫째로는 프랜차이즈 본사의 대표로서 손재호 대표가 가맹점사업주들에게 신뢰를 얻고 있었고, 그 근간에는 가맹본부였던 ㈜다담에서 공급해온 상품(고기)의 품질과 가맹점주를 대하는 태도 등에 대한 만족이 자리 잡고 있었다고 합니다. 이런 신뢰를 바탕으로 다소 낯설었던 프랜차이즈 협동조합으로의 전환에 8명의 가맹점 사장님들이 발기인으로 동참한 것입니다.

둘째로, 보리네협동조합을 설계하기 위해 프랑스 상업협동조합의 비놈(binôme) 시스템을 도입했습니다. 비놈 시스템이란, 조합의 일상적인 관리는 조합원이 아닌 상근 직원이 담당하여, 상근 직원에게 구매, 물류, 홍보, 정보처리, 재정, 법률 등 특정 분야의 전문적인 일을 맡기는 시스템입니다. 프랑스 상업협동조합에서는 유급 사원인 협력자 상근 직원과 무보수로 조합을 위해 기꺼이 자기 시간을 할애하는 조합원으로 구성된 비놈 시스템이 일반적인 형태입니다.

비놈 시스템을 도입한 보리네협동조합에서 조합원은 주식회사의 주주처럼 참여합니다. 조합의 모든 의사결정은 3개월에 한 번, 조합원 중에서 선출된 이사들이 모인 이사회에서 결정되고요. 이사회와 조합 이사장은 경영을 맡은 상근 대표와 유급 직원들의 업무를 관리하는 역할 또한 하게 됩니다. 아울러 조합원은 일상적인 조합의 의사를 결정할 이사를 선출하고 총회에 참여하여 발언하는 한편, 조합을 통해 육류를 공급받는 거래처로서의 역할도 하게 됩니다.

셋째로, 처음부터 유급 전문경영인을 프랜차이즈 협동조합의 경영자로 영입한 점이 돋보입니다. 특히 협동조합 전문가가 전문경영인(이사장)이 된 만큼, 처음부터 소상공인시장진흥공단의 협동조합 지원사업을 적극 활용하여 성장의 중요한 계기를 만들었습니다. 설립 2년차인 2018년에는 소상공인 협업활성화 지원사업을 통해 브랜드 운영의 핵심인 CI와 캐릭터 개발 등 브랜드 아이덴티티를 만들 수 있었고, 마케팅과 프랜차이즈 시스템을 확립하는 데 큰 도움을 얻었습니다.

넷째로, 7개월 동안의 협동조합 설립 컨설팅과 조합원들

간의 토론을 거쳐 공유하게 된 "대안을 가지고 비판하라"라는 원칙을 들 수 있습니다. 협동조합에서 조합원 모두가 주인이라는 말은 단순히 선언에 그쳐서는 안 됩니다. 투표에 참여하여 한 표를 행사하는 것도 중요하지만, 이사회와 총회에서 반드시 논의되어야 할 중요한 안건을 고르고 상정하는 것도 조합원의 몫입니다. 협동조합의 주인이라는 말은 협동조합 기업의 경영자라는 말도 됩니다. 보리네협동조합에서는 조합원이 안건을 제시하고자 할 때는 미리 안건을 잘 생각해서 안건으로 제안하고, 발언을 할 때는 대안을 가지고 비판하는 경영자적인 자세를 가진 조합원들의 자발적인 참여가 내실 있는 운영의 기초가 되고 있습니다.

그 밖에도 보리네협동조합에서는 조합원들이 기댈 언덕이 될 수 있도록, BRP(보리네 리빙딜 프로그램)라는 프로그램을 운영하고 있습니다. 실적이 부진한 조합원 가맹점에 3% 이율로 대출을 해주고, 보리네협동조합이 연대보증을 서는 프로그램이라고 합니다.

이처럼 보리네협동조합에서는 가맹점주가 동등하게 경영에 참여하고 이용실적만큼 추가 배당 수익을 받을 수 있으며, 브랜드 경쟁력 제고 및 원가절감을 위한 노력에 적극적으로 나서는 주인이 됩니다. 그리고 각자가 주인으로서 가맹본부를 신뢰하며, 서로 고민을 나눌 수 있는 든든한 동지로서 조합원 간의 협업 네트워크가 구축되어 있습니다.

보리네협동조합의 발전을 위해 고민해볼 것들

먼저, 마케팅 역량을 강화해야 할 필요성이 보입니다. 특히 보리네협동조합이 가지고 있는 온라인 채널(카페, 페이스북, 홈페이지 등)을 보면, 한동안 관리되지 못한 느낌을 강하게 받게 됩니다. 보리네협동조합 출자금 2천만 원은 보리네 생고깃간 가맹점을 내기 위해 필요한 비용의 10%를 기준으로 정했다고 합니다. 그럼 하나의 가맹점을 개점하려면 2억 원이 들고, 그런 가맹점들이 모두 모이면 어마어마한 금액이 투자되는 사업이라 할 수 있습니다.

그렇다면 그 규모에 어울리는 홍보 역량은 필수입니다. 보리네 생고깃간 매장은 패밀리 레스토랑을 연상하게 하는 매장 분위기, 중량 정책이나 셀프 바, 된장찌개 무한리필 등 다양한 장점을 많이 가지고 있으므로 전문적인 마케터를 고용하여 마케팅 활동을 강화하는 노력이 필요해 보입니다.

둘째로, 관련 사업으로의 다각화를 검토해봄 직합니다. "소상공인 협동조합의 사업성과 분석과 시사점"(조덕희, 2020)이라는 연구논문에 따르면, 소상공인 협동조합 중 운영하는 사업의 폭이 넓을수록 사업성과가 우수하게 나타나는 것으로 분석되었습니다. 소상공인 협동조합의 사업 유형을 보면, 공동생산, 공동구매, 공동판매, 공동시설, 공동브랜드, 공동이용, 프랜차이즈 등 다양한 유형이 있습니다. 이중에서도 특히 성과가 높게 나타나는 소상공인 협동조합들은 구매와 생산이 결합되거나 생산과 판매가 결합되는 등 사업 유형이 2가지 이상인 협동조합들입니다.

협동조합 프랜차이즈인 보리네협동조합에서 사업 유형의 폭을 넓히는 방법은 무엇이 있을까요? 육류를 중심으로 확장을 한다면, 육회비빔밥, 갈비탕, 김치찌개 등 기존 가맹점 매장에서 식사류로 판매되고 있는 메뉴 중심으로 전문화된 협동조합 프랜차이즈에 도전해보는 것은 어떨까요? 물론 기존의 협동조합 프랜차이즈 시스템을 탄탄하게 하고, 충분한 노하우가 확보되어 그 역량을 활용할 때가 되었다는 판단이 전제되어야 합니다.

셋째로, 거점지역을 정해서 집중적으로 출점하는 전략을 검토해봄 직합니다. 보리네협동조합은 협동조합 프랜차이즈로서 소상공인 협동조합 관련 기관이나 사회적경제 분야에서 많은 관심을 받고 있습니다. 다만 일반 소비자들에게 그만한 인지도를 확보하고 있는지에 대해서는 고민해봐야 할 점입니다.

스타벅스의 경우 허브 앤 스포크(Hub&Spoke)로 대표되는 거점전략을 통해 전국 상장회사의 밀집도, 전국 은행의 분포, 지하철 역사 위치 및 이용객수 등을 분석하여 사람이 몰릴 만한 곳에 출점하고 인지도도 높이고 있는 점은 널리 알려진 사실입니다. 보리네협동조합도 이미 인구수나 거주인구의 소득 규모, 소비성향 등에 따른 가맹점 출점에 대한 노하우를 많이 가지고 있을 것입니다. 하지만 필자들과 같이 보리네 생고깃간을 익히 알고 있는 사람들도 근처에 살지 않는 한 보리네 생고 깃간 매장을 만나기가 쉽지 않습니다. 이런 점을 감안할 때, 거점지역을 설정하여 출점하는 것도 브랜드 가치를 알리는 좋은 방법이 되지 않을까 합니다.

인터뷰를 마치며, 정창윤 전 대표는 협동조합 방식의 프랜차이즈 시스템을 도입해서 성공할 수 있는 분야로 서비스업, 특히 음식점 프랜차이즈에 대한 강한 확신을 다시 한 번 강조했습니다. 그러면서 쿱차이즈 협동조합이 새롭게 런칭한 '오사이초밥'을 소개했습니다. 오사이초밥 또한 일식에 전문성이 있는 셰프들이 프랜차이즈 본부를 소유하여 가맹점 사업을 영위하는 협동조합이라고 합니다.

돈만 추구하는 프랜차이즈 본부보다 협력과 전문성을 바탕으로 상생을 추구하는 음식점 프랜차이즈 협동조합들이 한층 더 성장하기를 기원합니다.

보리네협동조합의 비즈니스모델에서 얻는 시사점

보리네협동조합의 비즈니스모델에서 가장 경쟁력이 있는 부분은 이미 차별화된 시스템으로 고객에게 우수한 가치를 제공해오던 프랜차이즈의 가치 제안(Value proposition)에 가맹점 사업자들과 함께 살겠다는 사회적 가치가 더해진 부분입니다.

특히 신뢰할 수 있는 육류를 원가에 공급받으면서 조합원으로 경영에도 참여할 수 있도록 한 점은 남다른 사회적 가치를 창출한 부분이라고 평가됩니다. 대부분 자기 매장 일에만 매몰되어 있던 소상공인 사장님들이 한 발 더 나아가 외식산업 전반을 바라보고 미래를 준비하는 그럴듯한 경영자 마인드를 가질 수 있게 되었다는 것이고, 이것은 조합원 개개인의 성장으로 이어집니다.

앞서 이야기한 것과 마찬가지로, 비즈니스모델 캔버스를 그릴 때 조합원도 중요한 고객으로 삼고 하나 더 그려보면 좋겠으나, 편의를 위해 글씨를 달리해서 그려보았습니다.

보리네협동조합의 경우 신설 점포 및 부진점의 조합원 매장을 위해서 보리네협동조합이 연대보증을 서고, 3%의 이자율로 대출해주는 보리네 생고깃간 리빌딩 프로그램을 운영하고 있는데, 이 점도 프랜차이즈 협동조합에 가입함으로써 조합원이 누릴 수 있는 차별화된 가치라고 평가됩니다.

아울러 육류 원가 공급에서부터 경영 참여를 통한 자기 성장, 배당 수익의 기회, 매장 개선을 위한 프로그램 운영 등 조합원 가입을 통해 누릴 수 있는 혜택을 협동조합 설립 준비단계부터 꼼꼼하게 설계한 것은 다른 소상공인 협동조합들이 본받아야 할 점이라고 생각합니다.

마지막으로 핵심 자원 부분에서 '고객 데이터'에 대한 관심이 필요해 보입니다. 각 가맹점마다 방문하는 손님의 데이터를

핵심 파트너 *Key Partners*	핵심 활동 *Key Activities*	가치 제안 *Value Proposition*	고객관계 *Customer Relationships*	고객군 *Customer Segments*
육류 공급업체 각종 지원기관 쿱차이즈 **조합원**	상품개발 상품홍보 가맹점 개발 네트워크 관리 협동조합 직원 관리 오프라인 매장 관리 **조합원의 협업** **조합원 교육**	다양한 메뉴 구성 신선한 고기 제공 정성 어린 서비스 깨끗한 매장 환경 **육류 원가 공급** **조합원으로 경영 참여** 운영 시스템 제공 보리네 생고깃간 리빌딩 프로그램을 통한 경영안정 도모**(신설, 부진점 대출 3%)**	식사가 끝날 때까지 직원이 챙겨주는 관리방식 **조합원 유대관계 강화** (육류 원가 공급, 제품개발, 대화, 소통, 운영 참여 등) **조합원 배당** **매장 운영 컨설팅**	가족 외식, 회식, 모임 목적의 고객 **조합원**
	핵심 자원 *Key Resources* 보리네 브랜드 프랜차이즈 시스템 물류 네트워크 오프라인 매장 출자금 **조합원**		채널 *Channels* 오프라인 매장 SNS **조합 미팅**	

비용 구조 *Cost Structure*	수익원 *Revenue Streams*
인건비, 임대료, 공장 및 사무실 운영비, 원재료 구입비 등	직영점 오프라인 매장 수익 조합원 운영분담금 비조합원 매장 재료비 마진

보리네협동조합 비즈니스모델 캔버스

축적하고 프랜차이즈 본사에서는 이를 마케팅에 적극적으로 활용한다면, 보리네 생고깃간의 브랜드 가치도 높아지고 개별 가맹점 매출의 지속가능한 향상에도 크게 도움이 될 것입니다.

착한 프랜차이즈 가맹사업을 생각하신다면

서울형 소셜 프랜차이즈 육성 지원사업

가맹산업에서의 불공정 관행개선 및 공정거래 문화 확산을 위해 사회적 가치를 실현하고, 가맹본부와 가맹사업자 간 상생협력을 통해 가맹사업을 거래하고 있는 프랜차이즈 육성 및 지원을 하는 서울특별시 정책사업.

서울에 주사무소가 있는 협동조합, 사회적기업, 가맹본부에 대해서 심사를 통해 지원하며, 비즈니스모델 개발, 마케팅, 물류, 경영역량 강화 컨설팅을 지원한다.

문의는 서울시 공정경제담당관 가맹정보팀(02-2133-5354)

유망 프랜차이즈 성장단계별 지원사업

유망 소상공인과 프랜차이즈를 대상으로 성장단계별 맞춤 지원을 통해 건실한 가맹본부 육성 및 가맹본부·가맹점 간 상생협력 분위기를 만드는 것을 목표로 하는 소상공인시장진흥공단의 정책사업.

초기단계 3천만 원(자부담 10%)에서 대표 브랜드 단계 5천만 원(자부담 20%)까지 국비를 지원하며, 지원 분야는 비즈니스모델, 브랜딩, 디자인, 마케팅, 스마트화, 글로벌화 등 프랜차이즈 시스템 구축에서부터 업종별로 필요한 세부 사업까지 지원한다. 문의는 소상공인시장진흥공단 소상공인지원실(042-363-7743, 7747, 7741)

3
공동구매에서 공동브랜드, 공동판매로
천안시 나들가게 협동조합

슈퍼마켓 시장이 지속적으로 축소되고 수익성도 감소하고 있습니다. 이에 따라 동네에서 슈퍼마켓들이 하나 둘씩 모습을 감춰가고 있습니다. 산업통상자원부가 조사한 기업형 슈퍼마켓 4사(롯데슈퍼, GS더프레시, 홈플러스 익스프레스, 이마트 에브리데이)의 2020년 10월 기준 점포수는 총 1,146개로 전년 대비 61개 감소했습니다. 기업형 슈퍼마켓들도 식품 온라인 시장의 성장으로 인해 타격을 받으면서 부실매장을 정리해가고 있는 추세입니다. 2020년, 기업형 슈퍼마켓을 포함한 국내 슈퍼마켓의 시장규모는 46조 8천억 원(이마트 유통산업연구소 추정치.)입니다.

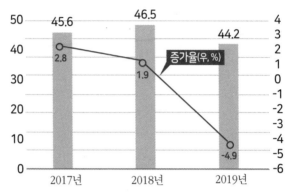

(단위:조원)

출처:통계청 '서비스업 동향조사' 슈퍼마켓 및 잡화점 매출액

국내 슈퍼마켓 시장규모 추이

대기업 슈퍼마켓도 이런 형편인데, 개인 슈퍼마켓의 상황이 어떠하리라는 것은 짐작하고도 남습니다. 다수의 개인 슈퍼마켓들이 동네까지 파고드는 대기업 슈퍼마켓, 편의점으로 인해 경쟁력을 잃은 지 오래입니다. 상품 구색이나 가격, 이벤트, 고객관리 등 모든 측면에서 개인 슈퍼마켓들은 비교 열위에 놓여있고, 여기에다 코로나 19로 인해 소비의 무게 추가 온라인으로 쏠리면서 영업환경은 악화일로에 있습니다.

동네 슈퍼마켓의 혁신정책, 나들가게

나들가게는 기업형 슈퍼마켓(SSM), 대형마트 등의 골목상권 난립으로 인해 어려움을 겪는 동네 슈퍼마켓이 스스로 변화와 혁신을 통하여 경쟁력을 키울 수 있도록 중소벤처기업부 (구 중소기업청)에서 2010년부터 실시하던 지원 정책입니다.

자료에 따르면, 2012년 9,704개이던 나들가게는 2018년 7,777개로 쪼그라든 것으로 나타났는데요.(김삼화 바른미래당 의원 실 자료). 주된 폐업 이유는 일반 슈퍼로 전환(31.6%), 편의점 전환(23.7%), 타업종 전환(27.1%) 등으로 파악되었는데, 이를 통해 동네 슈퍼마켓들이 기업형 슈퍼마켓이나 편의점 대비 경쟁력이 없다는 것을 알 수 있습니다.*

이처럼 슈퍼마켓 시장이 축소되고 있는데도 기업형 슈퍼마켓은 신규 상권이나 가능성 있는 상권에는 신규 포맷을 도입하여 출점을 지속하고 있다고 합니다. 〈리테일 매거진〉(2021년 1월호)에 따르면, 기업형 슈퍼마켓은 빠르게 신선식품을 구매할 수 있다는 강점을 내세워서 신선식품, 간편식 전문의 점포를 개설하면서 질적 성장을 추구하고 있습니다. 구색이나 진열 환경에 대한 개선작업을 꾸준히 하는 것은 물론이고, 고객 데이터에 기반한 고객관계 관리(CRM) 활동도 날로 정교해지고 있습니다.

날로 경쟁력을 잃어가고 있는 개인 슈퍼마켓들의 생존을 도모하기 위해, 정부는 동네 슈퍼의 대표적 문제점으로 꼽힌 '영세성' '낮은 가격 경쟁력' '낙후된 시설'을 개선하겠다는 취

---

* 더스쿠프, http://www.thescoop.co.kr/news/articleView.html?idxno=50862

지로 나들가게 사업을 실시해왔습니다.(참고로, 나들가게 사업 대상은 당초 규모 300㎡(약 90평) 이하 동네 슈퍼에서 2015년 165㎡(약 49평) 이하로 변경되었습니다.)

실제로 나들가게 사업은 '간판 교체·시설 개선 지원', '실시간재고관리시스템(POS) 설치', '점포개발 컨설팅 지원', '공동구매를 통한 가격 경쟁력 제고' 등을 골자로 했습니다. 지푸라기라도 붙잡고 싶었던 동네 슈퍼들이 이에 반응했고, 나들가게는 사업 1년여 만에 2,000여 개로 증가했습니다.

나들가게 사업 실패의 원인

그러나 10년이 지난 2021년, 나들가게 사업은 잠정 중단됐습니다. 중소벤처기업부는 '사업 실효성 제고' 등을 이유로 2021년 12월부터 신규 개점신청을 받지 않고 있다고 밝혔습니다. 10년간(2010~2020년) 1,134억 원에 달하는 정책자금을 쏟아부었지만 사실상 실패한 사업이 된 셈입니다.

실제로 나들가게의 성적표는 초라합니다. 황운하 더불어민주당 의원실에 따르면 나들가게(POS기기 사용하는 3,801개 점포 대상)의 2019년 월평균 매출액은 2,341만 원으로 2016년(2,617만 원) 대비 10.5% 감소했습니다. 폐업·취소율은 35.7%(2020년 8월 기준)에 달했죠. 폐업의 가장 큰 이유가 '일반 슈퍼 전환(30.3%)' '편의점 전환(24.0%)'이란 점을 감안하면 나들가게가 동네 슈퍼의 경쟁력을 끌어올리지 못한 셈입니다.

그렇다면 막대한 자금을 들인 나들가게 사업이 실패한 원인은 무엇일까요? 무엇보다 '한발 늦은' 정책이었다는 지적이 많습니다. 나들가게 사업이 본격화한 2010년 이미 대형마트는 450여 개, 기업형 슈퍼마켓은 930여 개에 달했습니다. 유통공룡이 출점을 마친 상태에서 '사후약방문' 정책을 펼친 셈이라고 평가받고 있습니다.*

나들가게 실패의 대안으로 중소벤처기업부(이하 중기부)는 전체 동네 슈퍼(165㎡ 이하 기준)를 대상으로 한 '스마트 슈퍼' 사업을 들고 나왔습니다. 출입인증장치·무인계산대·보안장비 등을 갖추고 낮에는 '유인', 심야에는 '무인'으로 운영되는 스마트 슈퍼 점포를 갖추는 데 점포당 700만 원 이상 지원합니다. 영업시간은 늘리고 점주의 근무 부담은 줄이면서 매출을 늘리겠다는 취지로 해석됩니다만, 동네 슈퍼마켓들은 근본적으로 상품의 구색, 진열, 가격 경쟁력, 매장 환경개선 등의 문제를 해결하지 못하면 장기적으로 경쟁에서 밀려날 수밖에 없을 것으로 보입니다.

---

* 더스쿠프 http://www.thescoop.co.kr/news/articleView.html?idxno=50862

나들가게들이 뭉쳤다, 천안시 나들가게 협동조합

이러한 가운데 스스로 자구책을 찾아 나선 나들가게들이 뭉친 협동조합이 있습니다. 바로 천안시 나들가게 협동조합입니다. 정운양 행운마트 대표가 이사장을 맡고 있고, 이사장을 포함하여 임원은 6명이며 출자금은 10만 원입니다.

나들가게 협동조합이 만들어질 2018년 당시, 천안시에는 나들가게가 80여 개 영업 중이었다고 합니다. 당시 나들가게를 운영하던 천안시 나들가게 협동조합 이사장 정운양 사장님은 2017년, 천안시와 충남경제진흥원이 진행하는 '천안시 나들가게 육성 선도지역 지원사업' 중 점주 역량교육에 참여하면서 지역의 나들가게 사장님들과 안면을 트게 되었습니다. 사장님들이 나들가게의 어려움과 미래에 대한 고민을 나누게 된 것은 당연한 일이었죠.

사실 나들가게 사장님들은 유통회사들에서 납품을 받는 갑의 위치였지만, 적은 물량을 구매하는 탓에 대형 거래처에게는 오히려 을보다 못한 대접을 받는 경우가 많았습니다. 그 와중에 공동구매를 통해 교섭력을 키워 매입비용을 줄이고, 상품 가격 경쟁력도 키워보자는 아이디어가 나온 것은 어찌 보면 자연스러운 일이었을 겁니다. 이러한 사장님들의 아이디어를 천안시와 충남경제진흥원은 나들가게 협동조합 설립 지원으로 뒷받침했습니다.

정운양 이사장과 몇몇 사장님들이 3~4일 동안 천안시내 나들가게를 하나하나 찾아다니며 설득하여 모은 나들가게 협동조합의 초기 조합원은 모두 42개 매장. 이렇게 설립된 천안 나들가게 협동조합은 2018년부터 2019년까지 나들가게 육성 선도지역 지원사업에 선정되어, 천안시와 충남경제진흥원으로부터 역량 강화 교육, 시설 현대화 지원 등을 받았습니다.

그러나 2018년 1월, 42개 조합원 매장이 참여하여 설립한 천안시 나들가게 협동조합의 조합원 매장은 현재 29개만이 참여하고 있다고 합니다. 정운양 이사장은 조합을 탈퇴한 매장 대부분이 폐업하거나 대기업 편의점으로 전환했다고 합니다. 조합원 매장만 줄어든 것이 아니라, 천안시내 전체 나들가게도 60여 개로 줄어든 것으로 알고 있다고 덧붙였습니다.

나들가게 협동조합 이사장 정운양 대표가 운영하는 행운마트 전경과 내부. 정운양 대표는 천안시 나들가게 협동조합 설립 초기부터 함께해왔다.

2장 소상공인 협동조합 사례분석

천안시 나들가게 협동조합은 조합원 규모는 줄어들었지만 나름대로 자랑할 만한 성과를 올리고 있었습니다. 동네 슈퍼의 가장 큰 애로사항은 무엇보다 가격 경쟁력과 구색이라고 할 수 있습니다. 그런데 가격의 경우 개별 동네 슈퍼가 대리점에서 물건을 납품받아서 20% 마진 붙여 판매하게 되면, 실상 이윤으로 남는 것이 없는 형편이었습니다.

협동조합을 결성한 이후 정운양 이사장과 이사 두세 명이 대리점들을 찾아다니면서 공동구매 물량을 가지고 가격 협상을 할 수 있게 되었습니다. 커진 구매력을 바탕으로 교섭을 통해 물품 구매 비용을 25%에서 30% 절감하는 것이 가능해졌습니다. 이것은 자연스럽게 상품 구매가격의 인하로 이어졌습니다. 또한 조합원 가게에서 판매되지 않고 남아 있는 상품들은 밴드나 카카오톡을 통해 서로 교환하고, 특정 대리점에서 저렴하게 나온 상품이 있으면 이를 조합원 매장들에서 필요한 만큼 주문받아 대량 구매하여 매입단가를 낮춥니다.

나들가게 지원사업을 활용하고 협동조합 활동을 통해 다양한 정보를 얻게 되면서, PB 상품을 만들어봐야겠다는 필요성도 느끼게 되었습니다. 천안시 나들가게 협동조합 조합원들의 나들가게에서는 '행복나드리'라는 자체 상표를 붙인 PB 상품을 판매하면서 조금이라도 구색을 늘리고자 애쓰고 있습니다.

천안시 나들가게 협동조합이 공동구매를 통해 매입가격의 경쟁력을 확보하고, 소매업에 대한 정보 공유 및 인간적인 교

천안시 나들가게 협동조합은 천안 지역에서 재배한 농작물을 판매하기 위해 '행복나드리'라는 자체 상표도 만들었다.

류, 상품 종류의 다양화 등 주목받는 성과를 만들어내고 있지만, 나들가게의 미래에 대한 정운양 이사장의 전망은 다소 어두운 편입니다. 처음 나들가게 사업이 시행되면서 나들가게를 위한 중소유통 공동도매물류센터가 운영되었지만, 물류센터의 배송 시스템이 취약하고 기존 도매상 대비 가격 경쟁력이 미미하여, 물류센터 운영도 흐지부지된 적이 있습니다. 정운영 이사장은 이 부분을 가장 크게 아쉬워했습니다.

동네 슈퍼는 어디다가 재고를 쌓아둘 곳이 없습니다. 필요한 만큼 적기에 배송해주는 시스템이 무엇보다 필요하지요. 당장 물량을 확보하고 공동으로 판촉행사를 진행하고 싶어도 창고와 물류가 뒷받침되지 않으면 실행할 엄두를 내기 힘든 형편입니다. 정운양 이사장은 중소벤처기업부에서 공동으로 판촉행사를 기획하고 이를 실행하게 해주는 등의 실질적인 지원이 나들가게의 생존을 위해 꼭 필요함을 역설합니다.

사실 이러한 동네 슈퍼 사장님들의 애로사항을 해결해주기 위한 공공의 지원 노력은 이미 있었습니다. 서울시에서는 국비

2장 소상공인 협동조합 사례분석

를 42억 원 투입하여 2013년 서초구 양재동에 중소유통물류센터를 설립했었습니다. 골목 슈퍼 유통단계를 줄이고 저렴한 가격으로 상품을 공급해 가격 경쟁력을 확보한다는 취지였습니다.

그러나 골목 슈퍼 사장님들은 중소유통물류센터가 오히려 물건이 더 비싸다, 교환이 원활하지 않다, 낱개 구매가 어렵다는 등의 불만을 토로하며 해가 갈수록 이용이 줄었고, 2022년에는 누적된 적자를 안고 폐지될 처지로 전망되고 있습니다.

결국은 목 마른 자가 우물을 판다고 했습니다. 공공의 지원에 의지하는 것보다는 생존의 기로에 서 있는 사장님들이 직접 나서야 하지 않을까요?

이탈리아의 슈퍼마켓 협동조합, 코나드

대표적인 사례를 이탈리아의 '코나드'에서 찾아볼 수 있습니다. 코나드는 이탈리아에서 가장 큰 슈퍼마켓 체인을 운영하는 소매점 브랜드입니다. 슈퍼마켓 협동조합의 성공사례로 유명한 이탈리아 코나드 홈페이지에는 이렇게 쓰여 있습니다.

"Created in 1962, Conad is a cooperative system of entrepreneurs, dealing in large-scale distribution."
"1962년에 설립된 코나드는 대규모 유통을 다루는 기업가들의 협동 시스템이다."

코나드는 가장 하부에 기업가 구성원(소매 점포의 점주), 그 위에는 여러 협동조합들(규모가 큰 쇼핑센터와 물류센터들), 그리고 협동조합들이 모인 전국 컨소시엄, 이렇게 3개의 층위로 구성되어 있습니다.

가장 작은 단위의 협동조합으로서 소매 판매처 상인연합은 중소 슈퍼마켓 상인들로 구성돼 있습니다. 이 조합들은 다시 지역별로 나뉘어 지역 협동조합을 이루고, 지역 체계를 바탕으로 물류 및 금융 서비스를 제공하게 됩니다. 지역별 협동조합이 모이게 되면 전국적인 컨소시엄이 형성되는데, 컨소시엄은 전국 매장의 물류 및 유통 체계 전반을 관리하고 서비스, 마케팅 전략을 수립하는 등 코나드 협동조합 시스템을 완성합니다. 코나드는 "복합적이고도 협력적인 협동조합 시스템이, 소상인연합에서 시작해 이제는 거대한 협동조합 기업으로 성장한 코나드를 오늘날까지 지탱시켜주는 힘으로 작용하고 있다"고 밝히고 있습니다.[*]

여기서 주목해야 할 것은, 코나드 홈페이지에서는 슈퍼마켓을 운영하는 사장님들을 '앙트레프러너(entrepreneur)'라고 부른다는 것입니다. 앙트레프러너는 우리말로 '기업가'입니다. 기업가란 기업가정신을 갖는 사람을 일컫습니다. 기업가정신이란, 외부환경 변화에 민감하게 대응하면서 항상 기회를 추구

하고, 그 기회를 잡기 위해 혁신적인 사고와 행동을 하며, 그로 인해 시장에 새로운 가치를 창조하고자 하는 생각과 의지를 말합니다.

코나드는 1962년에 이탈리아 볼로냐에 있는 소상공인들의 14개 구매 그룹이 결합되어 시작되었습니다. 하지만 실은 1950년대 후반부터 도매상의 횡포에 맞서기 위해 꾸준히 노력해온 결과가 1962년 코나드를 시작한 기반이 되었다고 합

피렌체에 있는 코나드 매장

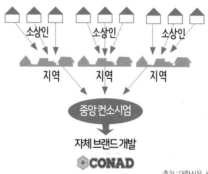

출처 : 대학신문 http://www.snunews.com/news/articleView.html?idxno=13848

코나드의 조직 구성도

니다. 이렇게 1950년대부터 시작한 소매상들의 노력은 코나드를 통해 1973년부터는 자신들의 브랜드를 정의하고 스스로 판매 및 촉진 등 공동마케팅을 진행하면서 오늘날 현대화된 소상공인들의 슈퍼마켓 협동조합으로 자리 잡게 된 것이죠. 앞서 말한 기업가정신의 정의를 생각했을 때, 오늘날의 코나드는 이탈리아 곳곳에서 작은 슈퍼마켓을 운영하는 사장님들의 기업가정신이 모여 꽃 피우고 열매를 맺은 사례라고 볼 수 있습니다.

천안시 나들가게 협동조합의 발전 방향

그렇다면 천안시 나들가게 협동조합은 어떻게 더 튼튼하게 발전할 수 있을까요?

먼저, 바잉파워를 더 키울 수 있어야겠습니다. 그러려면 구매 물량을 더 늘려야 할 텐데요. 그러기 위해서는 다른 지역 나들가게 협동조합들과 공동구매를 확대해가는 것이 필요합니다.

정부의 협동조합 사이트(www.coop.go.kr)를 조회해보면, 각 지역에 31개의 나들가게 협동조합들이 있는 것으로 나옵니다. 그중에서도 오직 천안시 나들가게 협동조합만이 언론의 관심을 받고 있는 것을 보면, 다른 지역 나들가게 협동조합들의 형편이 그리 좋은 편은 아니라고 판단됩니다.

하지만 당장 공동구매를 통해 구색을 갖추고 매입단가를 낮추고자 하는 필요를 가진 나들가게 사장님들은 분명히 의미 있는 규모로 존재하고 있습니다. 이런 필요를 모아나가는 노력이 필요합니다. 도매상들의 횡포에 맞서기 위해 1950년대에 시작한 이탈리아의 코나드 협동조합이 스스로 판매 및 촉진과 공동마케팅을 진행한 것이 1973년이라고 했습니다. 어렵지만 긴 안목을 가지고 실천해나가는 것이 필요합니다.

다음으로, 협동조합 기업가라는 인식을 가지고 협동조합 기업을 제대로 운영할 만큼의 출자금을 확보해야 합니다. 자기 집까지 담보로 잡혀가며 사업 자금을 대려다가 파산하는 경우가 비단 드라마에서만 나오는 것은 아닙니다. 그만큼 자기 사업을 하는 기업가들은 스스로 위험을 부담하면서까지 기업을 지키고 키워나가려고 노력하는 것이죠.

슈퍼마켓 사장님들의 자금 사정이 녹록지 않은 것은 짐작할 수 있지만, 협동조합을 만들어서 공동구매를 했을 때 단지 1년에 10만 원만 절감될까요? 공동구매를 통해 그 정도의 혜택만 기대하시는 사장님은 없을 것입니다. 기대하는 만큼 출자를 해보면 어떨까요? 더 많은 돈을 투자한 만큼 관심도 커질 것입니다.

출자금이 든든하다면, 공동구매를 위한 차량을 운행할 수도 있을 것이고, 필요에 따라서는 공동브랜드 상품을 더 만들 수도 있을 것입니다. 다른 지역의 나들가게 협동조합과 뜻을 함께한다면 공동구매를 전문적으로 담당하는 직원을 채용할 수도 있을 것입니다.

천안시 나들가게 협동조합의
비즈니스모델에서 얻는 시사점

천안시 나들가게 협동조합의 사업이 더 큰 경제적 가치를
실현하기 위해서는 핵심 활동과 핵심 자원이 어느 정도 뒷받

핵심 파트너 Key Partners	핵심 활동 Key Activities	가치 제안 Value Proposition	고객관계 Customer Relationships	고객군 Customer Segments
납품 대리점 각종 지원기관 슈퍼체인협회 타 지역 나들가게 협동조합 조합원	구매처 개발 / 협상 상품 정보 탐색 네트워크 관리 공동브랜드 상품 개발 홍보 **조합원의 협업** **조합원 교육**	구매 편리성(접근성) 친근함(지역/동네) 가격 할인 지역상품(PB 상품) **공동구매 상품,** **매입가격 절감** **조합원으로 경영** **참여** **유대관계**	친근함 **조합원 유대관계** **강화** (대화, 소통, 운영 참여 등) **조합원 배당**	반경 500m 이내 거주민, 편의품 구매 유동 인구 조합원
	핵심 자원 **Key Resources** 자체 브랜드 상품 출자금 **조합원**		**채널** **Channels** 오프라인 매장 **조합 미팅**	
비용 구조 Cost Structure 인건비, 임대료, 교통비		**수익원** Revenue Streams 조합원 회비 공동브랜드 상품 판매 수익 정부지원금		

천안시 나들가게 비즈니스모델 캔버스

침되어야 할 것으로 판단됩니다. 특히 핵심 자원이 부족할 경우 이와 연관된 핵심 활동이나 파트너십 활동 또한 위축될 가능성이 매우 큽니다. 이를 위한 대안으로, 출자금 현황과 조합의 운영인력 등을 고려해볼 때, 지속적인 생존과 성장을 위해서는 핵심 파트너로서 타지역 나들가게 협동조합과의 연대를 적극 추진해봄 직합니다. 이때 파트너십의 목적은 상품의 가격이나 구색 등의 경쟁력 확보에 초점이 맞추어져야 합니다.

고객관계 관리 측면에서, 작은 동네 슈퍼들은 인간적인 친절함, 익숙함 등이 강점이 되기는 하지만, 지속적인 이용을 유도하기 위해서는 포인트 적립 시스템 등의 도입을 검토해봄 직합니다. 다만, 개별 조합원 매장에서 해결하기 어려우므로 핵심 파트너 쪽에서 지원이 가능한 제도가 있는지를 먼저 살펴볼 것을 권합니다.

고객 측면에서, 천안시나 천안에 위치한 충청남도 공공기관 등에서 필요한 간식류 등은 어디에서 구매하고 있는지를 살펴볼 필요도 있습니다. 천안시 나들가게 협동조합에서 납품하고 거기에서 발생하는 수익은 '공동구매사업'에 참여하는 비율대로 조합원들에게 배당한다면, 조합원들의 참여를 높일 수 있지 않을까 생각합니다.

4
소상공인 협동조합의
성공원리

지금까지 제조업, 음식점업, 소매업에서 의미 있는 성과를 내고 있는 소상공인 협동조합의 사례를 살펴봤습니다. 2020년 산업연구원(KIET)에서 소상공인 협동조합을 조사하여 발표한 연구논문("소상공인 협동조합의 사업성과 분석")을 보면, 다소 미흡하더라도 나름의 성과가 있다고 대답한 소상공인 협동조합이 49.6%라고 합니다. 우리나라 소상공인 협동조합 사업이 초기단계라는 점을 감안하면 그래도 의미 있는 수치라고 해석할 수 있습니다.

그렇다면 '의미 있는' 성과를 올리는 소상공인 협동조합으로 운영하기 위해 필요한 준비는 무엇일까요?

협동조합의 특징이 잘 반영될 수 있는
비즈니스모델 수립

하고자 하는 사업 분야의 현 상황을 잘 살펴보고, 협동조합의 특징이 해당 영역의 비즈니스에서 잘 반영될 수 있는 비즈니스모델을 만들어야 합니다. 정부가 실시한 제4차 협동조합 실태조사 결과를 보면, 조사에 응한 협동조합들의 사업 운영률은 54.2%로 나타나고 있습니다. 특히 미운영 중인 협동조합의 주요 원인으로는, 설립은 하였으나 사업 준비가 부족(23.5%), 사업 수행경험이 있음에도 수익모델이 미비 또는 자금부족(28.5%)을 이유로 사업이 중단된 경우가 조사되고 있습니다.(2020년 4월, 제 4차 협동조합 실태조사, 기획재정부)

구분	계 (법인등기)	운영	미운영	사업자 미등록	사업중단	폐업
조합수 (개)	13,016	7,050	5,966 (100.0%)	1,404 (23.5%)	1,698 (28.5%)	2,864 (48.0%)

이런 현상들은 협동조합이라는 사업체를 설립하기 전부터 조합 운영에 참여할 조합원들과 함께 꼼꼼하게 '우리 협동조합의 비즈니스모델'에 대해서 검토해봐야 할 필요성을 보여주고 있습니다.

학자들 사이에서 비즈니스모델의 정의에 대해서는 갑론을

박이 있지만, 창업 생태계에서 가장 일반적으로 받아들여지는 '오스터 왈더'(《비즈니스모델의 탄생》의 저자)는 "비즈니스모델은 조직이 어떻게 가치를 포착하고, 창출하고, 전달하는지 그 방법을 논리적으로 묘사한 것"이라고 정의하고 있습니다.

협동조합의 씨를 뿌린다고 해서 무조건 꽃이 피고 열매를 얻을 수 있는 것이 아닙니다. 설립 이전 단계에서부터 우리가 영위하고 있는 사업 분야에서 공통적으로 겪고 있는 문제와 어려움이 무엇인지(가치의 포착), 그것을 해결한다면 어떻게, 얼마만큼의 경제적인 가치가 창출될 것인지(가치의 창출), 그 사업을 영위하기 위해 필요한 자금은 얼마나 소요될 것인지(가치의 전달과 구현을 위한 자금)에 대해 조합의 발기인들 사이에 오랜 기간 반복적이고 진솔한 논의와 시뮬레이션이 필요합니다.

꼼꼼한 사업계획 수립과 출자금 마련

사업계획을 꼼꼼하게 수립하고, 그에 걸맞은 규모의 출자금을 마련해야 합니다. 크래프트유니온(몽트비어)의 경우, 현재 조합원 개인당 출자금이 6천만 원 정도라고 합니다. 이익을 실현할 만한 적정 규모의 생산량을 산출할 수 있는 수제맥주 공장을 구현하려면 초기부터 큰 자금이 필요하다는 것을 잘 인식하고 계획에 반영한 것입니다.

마찬가지로, 패밀리 레스토랑 콘셉트의 보리네협동조합도

고깃집을 운영하는데 2천만 원도 출자하지 않고서 어떻게 협동조합 기업의 주인 노릇을 할 수 있겠느냐는 합의에 바탕을 두고 출자금 하한선을 2천만 원으로 정하고 있습니다.

막상 협동조합 기업을 시작하다 보면, 사업 시작 전부터 자금이 필요한 곳이 한두 가지가 아닐 것입니다. 계속 제도가 개선되고 있지만 공동소유 형태인 협동조합 기업에 선뜻 자금을 제공해주고자 하는 은행을 찾기는 아직도 어렵습니다.

협동조합은 자신들의 필요와 욕망을 스스로 해결할 목적으로 사람들이 모인 조직입니다. 시작하여 사업의 규모가 커지면 자금 수요도 커지는데, 남의 돈을 빌려서 사업을 키우는 데 활용할 수도 있겠지만 처음 출발점에서는 우리 사업은 우리가 조달한 자금으로 시작할 수 있도록 합리적인 자금을 스스로 마련하는 것이 꼭 필요합니다.

무엇보다 의미 있는 규모의 돈이 가는 곳에 마음도 따라가게 마련입니다. '그까짓 것 없는 돈으로 쳐버리지'가 되지 않는 규모의, 적정한 출자금을 출자한 조합원들만이 조합의 사업에 관심을 가지고 내 일처럼 참여할 수 있을 것입니다.

조합원들이 골고루 참여하고 기여하기

조합 사업 진행과정에 조합원들이 골고루 참여하여 기여할 수 있도록 계획해야 합니다. 적정한 규모의 출자를 했다고 하

더라도 소상공인 협동조합의 조합원들은 모두 자기 사업을 운영하는 사장님들입니다. 협동조합의 일에 마음이 쓰이더라도 당장 자기 사업이 급하면 협동조합의 일은 뒷전으로 미뤄두기 십상이죠.

이렇게 조합이 운영될 경우, 책임을 맡은 이사장과 이사들, 일반 조합원들 간에 사이가 벌어질 뿐 아니라 사업성과를 기대하기도 어려울 것입니다.

크래프트유니온의 경우는 조합원 저마다 수제맥주에 대한 큰 애정을 가지고 있으니, 조합원들이 신제품 출시를 위한 원료 선정부터 맥주를 만드는 과정에 적극적으로 참여하는 것이 자연스러운 과정이 되었습니다.

보리네협동조합의 경우 경영은 전문경영인에게 위탁하였지만, 경영에 대한 감시는 이사회에서 철저하게 이루어지고 있습니다. 또한 조합의 이사회에 참관하고 싶은 조합원은 언제든지 참관할 수 있도록 하고 있습니다. 아울러 조합원 총회에 참석하는 조합원 사장님들이 총회에 참석하는 동안 매장 관리에 지장이 생기는 것에 대한 보상으로 교통비와 참여 수당까지 지급한다고 합니다.

협동조합도 기업이다, 다양한 지원제도 활용

제4차 협동조합 실태조사 결과를 보면 정부나 지자체의 지원 정책에 대해서는 대체로 만족하고 있는 것으로 나타납니다. 그럼에도 정부와 지자체의 지원 정책에 참여한 경험이 있는 협동조합은 48.3%에 불과한 것으로 조사되고 있는데요, 그 이유로는 정보부족이 36.0%로 가장 크게 나타나고 있습니다.

정부에서는 중소기업에 대한 다양한 지원제도를 모아 기업마당(bizinfo.go.kr)이라는 사이트에서 실시간으로 조회해볼 수 있도록 서비스를 제공하고 있습니다. 기업마당에는 일반 기업에 대한 지원제도뿐만 아니라 사회적경제 기업에 대한 지원제도들도 빠짐없이 소개되고 있으니, 정보가 부족한 소상공인 협동조합에서도 활용할 만합니다.

크래프트유니온의 경우, 관광두레, 6차산업, 소상공인협업 지원제도 등을 슬기롭게 이용하여 시너지를 극대화하려는 노력이 돋보입니다.

소상공인 협동조합들은, 성장 초기단계에서부터 각종 지원 자원을 살펴보고 이용할 수 있는 것은 최대한 이용하여, 성장에 탄력을 더할 수 있도록 해야겠습니다.(인터넷상에서 내가 원하는 정보를 찾아서 알려주는 구글 알리미 서비스나 피들리 어플리케이션 등을 사용해보는 것도 좋습니다.)

연합회, 네트워크 등 협력체계 구축과 이용

동일한 필요와 열망을 가진 조합원, 사업규모에 걸맞을 만한 출자금을 가지고 소상공인 협동조합을 시작했다고 해도, 막상 사업을 진행하다 보면 예상하지 못한 다양한 변수와 어려움을 만나게 됩니다.

사실 소상공인 협동조합뿐만 아니라 비즈니스를 하는 모든 조직들이 필요한 자원을 모두 내부에 가지고 있는 경우는 없습니다. 꼭 필요하지만 가지고 있지 못할 경우, 그런 자원을 외부에서 조달하고자 노력하는 것은 당연한 일입니다. 협동조합들은 특히 연합회나 지역 내 네트워크 등 협력체계를 잘 이용하여 필요한 자원을 조달해야 합니다.

천안시 나들가게 협동조합의 경우, 천안시가 나들가게 육성 선도지역 지원사업이라는 정부지원사업에 선정된 2018년에 협동조합을 설립하였습니다. 이를 통해, 3년 동안 천안시와 충남경제진흥원으로부터 나들가게 자생력 강화를 위한 지원을 받아 사업성과를 올리고 있죠.

크래프트유니온의 경우, 양양 복숭아, 속초 옹골 딸기 등 강원도 지역에서 생산되는 과일을 이용한 수제맥주를 출시하고 있는데, 이는 강원도 지역의 농촌 6차산업 경영체 및 관광두레 주민사업체들과의 협력관계를 바탕으로 이루어진 성과라고 합니다.

소상공인 협업지원 사업의 특징 중 하나는 각 지역의 소상공인 협동조합들이 참여하여 '소상공인협업단'을 결성, 서로 교류하고, 권익 향상을 위해 노력하고 있다는 점입니다. 각 지역의 협업단에는 먼저 소상공인 협동조합을 결성하고 꾸려나가고 있는 선배 조합들이 참여하고 있으니, 새롭게 시작하는 소상공인 협동조합에서는 '협업단'에 참여해보는 것도 좋은 방법이 될 것입니다.

3장

소상공인 협업활성화를 위한
사업계획서 작성방법

이번 장에서는 여러분이 가장 궁금해할 수 있는 소상공인 협업활성화 공동사업 지원방법, 그리고 지원서 작성에서 가장 어려워하는 사업계획서 작성방법을 알려드리겠습니다. 다만 이는 소상공인 협동조합의 특성과 이해를 바탕으로 하는 만큼 앞 장에 대한 이해가 필요합니다. 또 바쁜 마음에 사업계획서를 누군가 대행해주었으면 하는 마음이 크겠지만, 그러할 경우 지원금을 받더라도 제대로 협동조합을 운영하기가 어렵습니다. 막히는 부분에서 일부는 도움을 받더라도 전체적으로 여러분이 이해하면서 차근차근 작성해나가야 한다는 점을 잊지 마시기 바랍니다.

1
소상공인 협업활성화 공동사업
지원방법

먼저 소상공인 협업활성화 공동사업 신청을 하기 위해서는 조합원 전원이 '소상공인마당(sbiz.or.kr)' 홈페이지에 회원으로 가입해야 합니다.

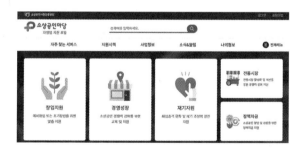

그 다음 '협업활성화(coop.sbiz.or.kr)' 홈페이지에 조합 이사장이 로그인하여 신청서를 작성하고 제출서류를 등록합니다.

그 다음으로 연합회가 아닌 협동조합을 기준으로 제출서류 목록은 다음 표와 같습니다. 이는 2022년 소상공인 협업활성화 사업 통합공고를 기준으로 했을 때이며, 신청 시점에 따라 다소 변경될 수 있기에 제출 시 확인바랍니다.

이러한 제출서류 목록 중에서 특히 '소상공인 확인서류' 제출을 어려워하시는데요. 조합원 전원이 내야 하기 때문에 더욱 그렇습니다. 먼저 '소상공인확인서(신청일 기준 유효기간 이내)'는 중소기업현황정보시스템(https://sminfo.mss.go.kr/)을 통해 출력할 수 있습니다. 홈페이지상의 '중소기업확인서발급신청 〉 온라인자료제출'을 통해 자료를 제출하고 '중소기업확인서발급신청 〉 신청서작성'을 통해 신청서를 작성하면 됩니다.

또한 '소상공인확인서' 제출이 어려울 경우 '상시근로자 확인서류'와 '매출액 확인서류'를 제출하셔도 됩니다. 상시근로자 확인서류 관련해서는 상시근로자가 없는 경우에는 보험자격득실 확인서를 제출하고, 상시근로자가 있는 경우에는 ①건강보험 월별 사업장 가입자별 부과내역, ②개인별 건강보험

제출서류	검토사항	제출범위 협동조합
작성서류	(1) 자가진단 체크리스트(신청화면상 "자가진단" 입력)	협동조합
	(2) 사업계획서	협동조합
	(3) 개인정보의 수집·이용·제공 동의서	조합원 전원
	(4) 사업 참여 확약서	등기임원
	(5) 공동사업 신청서류 체크리스트	협동조합
법인 등기사항 전부증명서	• '말소된 등기사항 포함'하여 '제출용'으로 발급 • 등기임원이 '법인'인 경우 법인명칭 및 법인등록번호로 등기되어 있어야 함 • 신청일로부터 1개월 이내 발급분	협동조합
사업자 등록증명	• 소상공인이 아닌 조합원(자연인)의 경우 제출 제외 • 신청일로부터 1개월 이내 발급분	협동조합, 조합원 전원
소상공인 확인서류	• (권장) 소상공인확인서(신청일 기준 유효기간 이내) https://sminfo.mss.go.kr/ 중소기업현황정보시스템 • (가능) 상시근로자 확인서류 + 매출액 확인서류	조합원 전원
세금납부 확인	• (국세)납세증명서 및 지방세납세증명서 • 신청일 기준 유효기간 이내 발급분 • 신규 설립으로 제출 불가 시 등기임원 전원 제출	협동조합, 조합이사장
조합원 명부	• 발기인, 성명, 업체명, 사업자번호 필수 • 조합원이 '법인'인 경우 법인명칭 및 법인등록번호로 등기되어 있어야 함 • 신청일 기준 조합원 전원 확인 가능 명부	협동조합
출자자 명부	• 성명, 생년월일, 출자좌수, 출자금액 필수 • 조합원이 '법인'인 경우 법인명칭 및 법인등록번호로 등기되어 있어야 함 • 신청일 기준 조합원 전원 확인 가능 명부	협동조합
협동조합 정관	• 각 정관 1조 조합 설립 기준 법령 확인 필수 • 중소기업협동조합의 경우 이익배당내용 포함 필수	협동조합
이사회 의사록	• 최근 1년간 이사회 의사록 • 해당사업 참여에 대한 이사회 결의사항 필수 포함	협동조합
매출증빙 서류	• 최근 3년간 표준재무제표증명 • 업력 3년 미만 업체는 제출 가능한 최대 기간 자료 제출	협동조합
고용인원 확인서류	(추천서류) 사업장 가입자별 부과 내역(오프라인 발급) • (성장단계) 최근 2년 상시근로자 확인서류 * '20년 대비 '21년 고용인원 10% 이상 증가 조합 • (도약단계) 최근 3년 상시근로자 확인서류 * '19년~'21년 기간 동안 고용인원 20% 이상 증가 조합	(성장/도약단계) 선택요건 해당 시 제출
기타서류	• 기타 공단에서 필요로 하는 서류	협동조합

'협업활성화' 지원 사업 신청 제출서류

고지산출내역, ③월별 원천징수이행상황신고서 등에서 하나를 택해서 내면 됩니다. 평균 매출액의 경우 업종에 따른 소기업 기준을 충족해야 합니다.

이러한 서류들을 내면 먼저 사업계획, 증빙 등 제반서류 누락 및 흠결여부 등에 대한 서류 검토가 이뤄집니다. 그 뒤 외부 전문가가 신청 조합을 방문하여 현장평가를 실시하고, '적합' 판정을 받은 경우 2차 평가(발표로 진행)가 이루어집니다. 끝으로 외부 전문가 7인 내외로 이루어진 심의위원회를 구성하여 현장평가 통과 조합을 대상으로 선정심의를 실시합니다.

아마 여러분은 현장평가 시 어떤 부분을 보는지 궁금하실 듯합니다. 이와 관련해서 현재 평가지표는 공개되지 않고 있기에 2017년에 공개되었던 평가지표를 안내합니다. 이를 통해 여러분이 조금만 더 신경 써서 준비하면 평가를 잘 받을 수 있는 포인트가 있다는 것을 알 수 있습니다.

예를 들어 참여의지와 관련해서는 '조합원의 현장평가 참여율' 항목이 있으므로 조합원들이 현장평가에 가능한 한 모두 참여하는 것이 중요합니다. 추진가능성과 관련해서는 '조합원의 협업 사업 이해도'가 있습니다. 이사장 한 분만 본 사업에 대해서 이해하는 것이 아니라 조합원 모두가 이해하고 있는 것이 중요합니다. 누구에게 물어보더라도 수월하게 답변할 수 있어야 합니다. 협동조합은 이사장 혼자서 하는 게 아니라 조합원 모두가 함께 하는 것이기 때문입니다.

협동조합 평가지표			
유형	세부내용	배점	평점
참여의지 (25점)	1. 조합원의 현장평가 참여율	5	
	2. 정부지원금 신청 대비 투자규모	10	
	3. 협동조합의 자발적 추진 의지	10	
추진가능성 (45점)	4. 사업자 조합원의 평균업력(비사업자 제외)	5	
	5. 소공인 기술역량	10	
	6. 조합원의 협업 사업 이해도	10	
	7. 세부 실행방안의 구체성 및 합리성	10	
	8. 협동조합 역량	5	
	9. 생산시설확보율	5	
지속 및 발전 가능성 (30점)	10. 지원사업을 통한 발전 가능성	10	
	11. 시장성 개선 효과	5	
	12. 성과공유의 합리성	5	
	13. 지원 종료 후 조합운영 자립화 계획	5	
	14. 협업화 사업의 비전 및 목표	5	
소 계		100	
우대사항 (10점)	15. 해외진출 조합 해당여부	5	
	16. 청년 조합 해당여부	5	
	17. 여성 조합 해당여부	5	
	18. 장애인 조합 해당여부	5	
소 계 (15번~18번 문항의 합계점수는 10점이 상한선임)		10	
총 점		110	

협동조합 평가지표(2017년기준)

2
사업계획서의
의미와 중요성

사업계획서 작성방법을 알아가기에 앞서 그 의미와 중요성을 짚어보겠습니다.

사업계획서(Business Plan)란 협동조합이 추진하려는 사업을 구체적인 계획과 내용으로 담아내는 것이라 할 수 있습니다. 건물을 지으려면 설계도가 있어야 하듯 협동조합의 사업 설계에 필요한 청사진인 것입니다. 협동조합 사업의 내용, 경영방침, 사업의 기술성과 시장성, 판매전망, 수익성, 소요자금 조달, 조합원 운영계획, 조합원 및 예비조합원, 유급근로자 충원계획 등을 일목요연하게 표현한 일체의 서류를 말합니다.

사업계획서는 그 무엇보다 중요합니다. 훌륭한 사업 아이디어가 있더라도 협업 사업의 실행방법과 계획이 구체적이지 않다면 그 타당성을 인정받기 어렵기 때문입니다. 협업 사업의 이해관계자들에게 가능성과 가치를 인정받기 위해서는 사업

규모와 관계없이 구체적이고 체계적인 사업계획이 있어야 그 내용과 타당성을 신뢰받을 수 있습니다.

그럼 사업계획서는 언제 작성해야 할까요? 일반적으로는 사업계획서 작성에 앞서 사업타당성 검토가 진행됩니다. 이는 해당 사업의 가치 따위를 알아보는 조사입니다. 쉽게 말해 협업 사업으로 돈을 벌 수 있는지를 따져보는 겁니다. 사업타당성 검토 후에는 사업계획서 작성 목적에 따른 계획수립과 제출 일정이 확정되어야 합니다. 예를 들어 조합원 내부용이라면 총회 개최일까지 작성되어야 하며, 외부용일 경우 소상공인 협업활성화 공동사업 제출 기한이나 협동조합특례보증 지원사업 제출 기한 등으로 설정할 수 있을 것입니다.

3
사업계획서를 잘 쓰려면
어떻게 해야 할까?

건물을 짓기 위한 청사진이 필요한 것처럼 우리가 기대하는 사업을 실현하기 위한 계획서도 있어야 합니다. 잘 만들어진 사업계획서란 무엇일까요? 목차 구성과 각종 데이터, 통계자료를 엮어 짜임새를 갖추면 좋은 사업계획서일까요? 꼭 그렇지만은 않을 겁니다. 겉은 그럴싸해도 속을 들여다볼수록 허황된 기대로 가득하기도 합니다.

좋은 사업계획서란 만든 이 스스로가 그 의미를 이해하고 설명할 수 있어야 합니다. 정량적, 정성적 관점에서도 납득이 가능해야 상대도 수긍할 수 있습니다. 그래야 이심전심 좋은 사업계획서가 될 것입니다. 혹여나 지원사업 신청을 위해 급조된 사업계획서는 어떤 내용을 담고 있을지 떠올려봅니다. 스스로를 점검하며 의미를 더하는, 신뢰할 수 있는 계획서는 마음에 달렸음을 깊이 새겨봅니다.

사업계획서를 작성할 때 가장 염두에 두어야 할 것은 객관적으로 작성해야 한다는 것입니다. 사업계획서는 협동조합의 협력사업과 관련한 이해관계자들에게 성장 가능성과 비전을 보여주어야 하기에 설득력이 있어야 합니다. 혼자 보는 사업계획서라면 자신만 알아보아도 문제되지 않습니다. 하지만 투자자, 정부기관 등 제3자에게 제출하는 사업계획서는 내 생각만을 그대로 적는 것이 아니라 객관적 근거를 활용하여 논리적으로 작성해야 합니다. 근거 없는 사업계획서에는 관심을 보이지 않습니다. 대부분의 사업계획서는 지극히 긍정적이고 너무 쉽게 성공을 예측합니다. 협업 사업의 목적과 필요성, 사업의 타당성과 그에 따른 기대효과 및 성장가능성 등을 객관적인 수치로 제시해야 합니다. 허황되거나 실현가능성이 부족한 사업계획은 신뢰를 주기 어렵습니다.

그렇다면 구체적으로 어떻게 해야 할까요? 객관적 자료에 근거해 체계적인 분석을 하고, 공공기관이나 전문기관의 신뢰할 만한 자료를 인용해야 합니다. 공공기관 데이터, 외부 전문기관 자문, 각종 통계·수치·그래프, 시장조사 내용 등을 활용할 때는 반드시 그 출처와 근거를 제시해야 합니다. 이때 각종 데이터나 조사결과를 부풀리는 것은 절대 금물입니다.

둘째로 논리적이어야 합니다. 각 부문 협업 사업계획의 논리 체계를 유지해 사업의 목적과 실행방안, 기대효과 등이 일관되게 작성해야 합니다. 또 명확한 사업모델을 제시해 어떻게 수익이 날 수 있을지 증명해야 합니다. 사업 아이템의 타당성도 좋고, 시장성도 좋은데 그래서 어떻게 수익을 창출할 것인지가 보이지 않으면 설득력이 없습니다. 또 정부지원금이나 자체 자금을 어떻게 조달할 것인지 현실적인 계획이 제시되어야 합니다.

셋째로 쉽게 이해할 수 있어야 합니다. 보는 사람이 쉽게 이해할 수 있어야 진정 훌륭한 사업계획서입니다. 읽는 상대방은 관련 분야의 전문가가 아닐 수 있습니다. 따라서 전문용어와 영어 표현 등은 되도록 사용하지 않아야 합니다. 상대의 눈높이에 맞도록 작성하는 것이 상대를 위한 최고의 배려입니다. 이해를 높이는 사진이나 그림, 그래프와 통계자료, 활동자료, 인증자료(상표등록, 특허증 등)를 적절히 이용하면 좋습니다.

넷째로 기존 협업 사업이나 경쟁업체와 구별되는 특징이 부각돼야 합니다. 협업 사업이 수많은 다른 사업들과 어떤 차별성과 경쟁력이 있는지를 구체적으로 나타내야 합니다. 평범한 사업계획서가 아닌 매력적인 사업계획서가 되기 위해서는 그 핵심 내용을 부각시킬 수 있도록 작성해야 합니다.

끝으로 사업계획서는 지속적으로 업데이트해야 합니다. 한번 만든다고 끝이 아닙니다. 6개월, 1년이 지나도 같은 내용이라면 신뢰할 수 있을까요? 매달 업데이트해야 할 내용으로 매출, 지출, 수익, 영업활동, 성과 등이 있습니다. 인용자료는 최근 자료로 업데이트하도록 합니다. 사업계획서의 주요 내용은 상황에 따라 계속 살아 움직여야 합니다.

4
사업계획서 작성방법
: 소상공인시장진흥공단의 협업활성화 공동사업계획서

협동조합의 사업계획서는 해당 협업 분야의 특성과 구성에 맞게 작성해야 합니다. 아울러 공공 및 민간기관에서 기본 양식을 제공하므로 사업계획의 목적과 내용이 부합해야 합니다. 이 책에서는 이중 가장 많은 관심을 받고 있는 소상공인시장진흥공단의 협업활성화 공동사업계획서를 어떻게 작성하는지 알아보겠습니다.

먼저 여러분이 준비해야 할 게 있습니다. 사업계획서를 쓰려면 앞서 객관적인 자료가 뒷받침되어야 한다고 말했습니다. 특히 협업활성화 사업계획서는 소상공인들이 모여서 만드는 협동조합이다 보니 우선적으로 조합원들의 이력서, 자기소개서, 업체 현황자료(매출자료 포함)를 먼저 확보하는 것이 필요합니다. 이력서에는 자격증 보유현황, 지역사회 활동현황(봉사활동 및 기부내역 포함), 국가 및 지방자치단체 포상현황 등이 있는 경우 모두 기입해야 합니다. 사실 조합원끼리 서로 잘 알아도 이런 내용들은 잘 모를 수 있습니다. 그런데 소상공인들은 이런 내용이 사업계획서에 필요하다는 것을 모르고 기재하지 않는 경우가 많습니다. 사업계획서에는 창업자의 역량이 들어갈 수밖에 없습니다. 위에 열거한 내용들이 훌륭한 글감이 됩니다. 그러니 사업계획서를 잘 쓰려면 조합원들에 대한 자료를 폭넓게 확보하는 것이 중요합니다. 꼭 기억하세요. 조합원들에 대한 자랑거리를 충분히 확보하세요.

그럼 이제 소상공인 협업활성화 공동사업의 지정 사업계획서 작성방법을 하나씩 살펴보겠습니다.

소상공인 협업활성화 공동사업 사업계획서의 구성

소상공인 협업활성화 공동사업 사업계획서는 1.협동조합 현황자료, 2.사업계획서 요약자료, 3.사업계획서로 구성되어 있습니다. 그리고 가장 핵심인 사업계획서 본문은 사업 추진배경과 사업 추진계획으로 나뉩니다. 이를 도식화하면 다음과 같습니다.

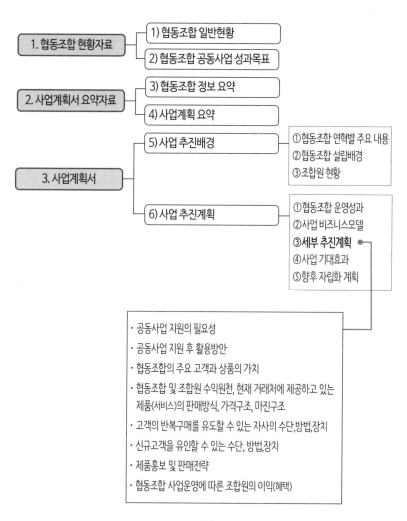

참조) 2022년 소상공인 협업활성화 공동사업 신청서류 서식

소상공인 협업활성화 공동사업 사업계획서 구성

1. 협동조합 현황자료

협동조합 현황자료는 '협동조합 일반현황'과 '협동조합 공동사업 성과목표'로 구성됩니다. 심사위원이 가장 먼저 보는 자료인 만큼 재무현황 근거자료에 맞게 틀리지 않도록 유의하셔야 합니다.

● 협동조합 일반현황

사업계획서의 첫 페이지인 일반현황은 사람의 첫인상과 같습니다. 얼굴에 살아온 삶의 흔적이 배어나듯 일반현황에는 협동조합이 걸어온 여정이 드러납니다. 조합 설립 이후 조합원과 고용인원의 변화, 연도별 매출액, 당기순이익, 영업이익, 출자금의 정량적 증감 여부로 그간의 활동현황을 가늠할 수 있습니다.

협동조합 일반현황 작성 시 주의할 점이 몇 가지 있습니다. '업태'는 한국표준산업분류에 따라 작성합니다. 한국표준산업분류란 산업 관련 통계자료의 정확성, 비교성 등을 확보하기 위하여 작성된 것으로서 우리나라의 한국표준산업분류는 유엔의 국제표준산업분류에 기초하여 작성되었습니다. 분류 구조를 살펴보면 대분류로 21개가 있는데 소상공인과 주로 연관된 업태는 농업, 임업 및 어업, 광업, 제조업, 건설업, 도매 및

협동조합명 (연합회명)			이사장명 (대표자명)		
업 태			종 목		

조합 주요 품목	분류			기 지원 현황	지원 연도	
	제공 유형				지원 금액	

조합원 수 (명)	연도	전체 조합원	소상공인	고용 인력 (명)	연도	협동조합 (연합회)	조합원 사업체
	설립 당시				설립 당시		
	'19년				'19년		
	'20년				'20년		
	'21년				'21년		
	'22년 현재				'22년 현재		

재무 현황 (원)	연도	매출액	당기순이익	영업이익			출자금
	설립 당시						
	'18년						
	'19년						
	'20년						
	'21년						

협동조합 일반현황 서식

소매업, 숙박 및 음식점업 등이 있습니다. 그럼 어디서 조회가 가능할까요? 인터넷에서 '한국표준산업분류'라고 검색하시면 됩니다. 또는 통계청에 접속해도 됩니다.

조합의 주요 품목 중 '분류'는 "서비스, 소재(원재료), 반제품, 완제품"으로 구분하며, '제공유형'은 "온라인, 오프라인, 온+오프라인" 중에서 선택합니다. '기 지원 현황'은 지원받은 연도 모두를 기재한 후 정부지원금을 기준으로 작성합니다.

'고용 인력'은 개별 소상공인 사업체가 아닌 협동조합(연합회) 자체에서 근로계약 체결 후 4대 보험에 가입한 연도별 고용 인력을 말합니다. 협동조합 경영에서 조합원 수 증가만큼이나 중요한 것이 고용 인력의 확대일 것입니다. 설립 이후 양질의 일자리창출과 고용 인력의 확대 노력만 보아도 얼마만큼 잘 운영되는지 가늠할 수 있습니다.

끝으로 재무현황 부분입니다. 여기서 '매출액'은 개별 소상공인들의 합산 매출이 아닌 협동조합(연합회) 자체 매출입니다. 전체 조합원 수는 명부상 출자금을 납입한 사업자와 비사업자 모두를 포함합니다. 신규 협동조합은 당해 연도만 기재하거나 없으면 안 쓰셔도 됩니다. 그런데 공란으로 두면 읽는 분들이 해당이 없어 안 쓴 것인지 누락된 것인지 판단하기 어려우니 '해당 없음' 또는 '-'으로 기재하시면 좋습니다.

● 협동조합 공동사업 성과목표

공동사업의 성과목표도 개별 소상공인 사업체가 아닌 협동조합(연합회) 사업체를 기준으로 삼습니다. 너무 허황되지 않은 현실적인 목표를 적어보시기 바랍니다.

구분	조합원	고용인원	매출액
'22년	명	명	백만원
'23년	명	명	백만원
'24년	명	명	백만원
*신청연도 기준 3년간 협동조합 성과목표			

협동조합 공동사업 성과목표 서식

2. 사업계획서 요약자료

사업계획서 요약자료는 '협동조합 정보 요약'과 '사업계획 요약'으로 이루어져 있습니다. 1페이지 이내의 작성이 핵심인 만큼 서술형 표현보다는 정량적인 수치화 기술이 필요합니다. 요약자료에는 협동조합의 설립목적과 조합원 현황, 운영성과, 사업 비즈니스모델, 주요 생산품과 사업목표, 지원 분야와 세부 내역, 추진일정, 정부지원금과 자부담의 사업비를 기재합니다.

한 장이라는 제한된 페이지 안에서 상대는 무엇을 보고 싶어 할까요? 협동조합의 설립목적에 맞는 활동을 유지하고 있는지, 지속가능한 사업모델과 경쟁력, 구체적인 사업목표와 인적자원(조합원, 비조합원, 사업 파트너)을 확보하고 있는지, 신청 분야의 사업비 지원으로 실현가능한 의미 있는 성과를 얻어낼 수 있는지를 확인하고 싶을 겁니다. 받는 사람이 아닌, 주는 사람의 입장에서 생각해보면 이해하기 쉬울 것입니다. 한 페이지에 어떤 내용을 담으면 좋을지, 어떤 내용이 담겨야 상대의 관심을 얻어낼 수 있을지 생각해보며 하나씩 살펴보겠습니다.

처음에 요약자료부터 쓰려고 하면 어려울 수 있습니다. 요약자료인 만큼 뒷부분을 다 쓴 다음에 쓰시길 추천드립니다.

● 협동조합 정보 요약

협동조합 정보 요약은 전체 내용 중 핵심 내용만을 압축해 기재한 것을 말합니다. A4 한 장 분량으로 협동조합의 설립목적에서 사업목표에 이르기까지 한눈에 알 수 있어야 합니다.

협동조합 설립목적	
조합원 현황	
협동조합 운영성과	
사업 비즈니스모델	
주요 생산품	
사업목표	

먼저 설립목적부터 살펴보겠습니다. 흔히 설립목적을 작성하기 어렵다고 말합니다. 말로는 쉬운데 표현하기는 어렵다고 합니다. 협동조합의 존재이유는 무엇인지, 우리가 고객(조합원)에게 제공하려는 제품과 서비스, 기존의 사회적 문제와 해결방법은 무엇이며 이를 어떻게 변화시켜 나아갈지를 생각해봅니다.

조합원 현황은 임원 현황 및 조합원들의 조합 내 역할에 대해 명확히 구분하여 기재합니다.

협동조합 운영성과는 간략히 기술하되 정량적이고 수치화된 핵심 성과를 기재합니다. 예를 들어 "2021년도 매출액:10억(전년 대비 50% 상승)", "일자리창출:3명(신규 일자리)", "공동장비 지원으로 매출액 1억 달성(전체 매출액 10%)" 이렇게 표현할 수 있습니다. 협동조합 운영성과에서는 이미 지원을 받은 조합의 경우 지원 후 성과를 반드시 작성하도록 하고 있습니다.

사업 비즈니스모델의 핵심은 어떻게 수익을 창출하는지, 비즈니스는 얼마나 매력적인지를 보여주는 것입니다. 협동조합의 주요 고객은 누구이며, 핵심 파트너와의 협력관계는 어떠한지, 지속적이고 안정적인 수익을 어떻게 창출할 수 있는지를 표현해야 합니다.

사업목표는 단기, 중기, 장기 목표와 기대효과를 수치화, 정량화하여 기재합니다. 예를 들어 "2023년 목표 매출액 15억(전년 대비 50% 상승)", "SNS 마케팅 추진(온라인 노출 10만 뷰어, 상담 3%, 계약 1% 달성)"과 같이 적습니다.

● 사업계획 요약

지원 분야는 개발, 브랜드, 마케팅, 네트워크, 규모화 사업, 프랜차이즈 시스템, 공동장비 등 7가지 영역 중 해당 신청분야를 기재하는 항목입니다.

세부내역은 해당 지원 분야와 관련한 신청목적, 추진방안, 기대효과를 요약해 적습니다. 신제품 기술 개발, BI 개발, 온·오프라인 광고 제작, 홈페이지 구축, 관련 업종 예비조합원 대상 설명회, 프랜차이즈 시스템 개발, 생산장비 구입 등을 적을 수 있습니다.

지원 분야	세부내역	추진일정	사업비 (정부지원+자부담)

앞서 이야기했듯이 사업계획서 요약 부분은 맨 앞에 있지만 실제 작성 시에는 마지막에 작성하시면 좋습니다. 모든 내용을 작성하시고 핵심 내용을 정리하여 기재하시면 효율적일 것입니다.

3. 사업계획서

이제부터 본격적인 사업계획서 부분입니다. 여기서부터 많은 분들이 막막해하고 어려워합니다. 실제 소상공인 협동조합들의 사례를 들어가며 구체적으로 설명하겠으니 차근차근 따라오시기 바랍니다.

● 사업 추진배경

먼저 사업 추진배경은 '협동조합 연혁별 주요 내용', '협동조합 설립배경', '조합원 현황'으로 구성됩니다.

❶ 협동조합 연혁별 주요 내용

연혁별 주요 내용은 협동조합 설립 이후의 성장과 발전 과정을 보여주는 중요한 내용입니다. 연혁별 조합의 핵심 활동과 주요 성과, 핵심 파트너십을 중심으로 요약 기술하면 됩니다. 표창장, MOU, 계약체결 등의 내용과 이에 따른 주요 활동을 기재하면 좋습니다. 다음은 작성 예시입니다.

주의할 점은 신규 설립의 경우 연혁이 없다는 이유로 공란으로 두는 경우가 있습니다. 무엇이든 빈 여백은 좋지 않습니다. 연혁이란 설립 과정이자 발자취입니다. 발기인 모임이나

2008년	
03월	외식 '사업' 시작
2013년	
03월	쿱외식협동조합 법인 설립(출자금 5백만 원) 및 '미아사거리 직영점' 개점
2014년	
10월	물류대행 F&L 협력 계약
12월	정보공개서, 가맹계약서 등록
2015년	
01월	자본증자(출자금 1억)
06월	프랜차이즈 협동조합 MOU체결
09월	'종암 직영점' 개점
2016년	
03월	협동조합 상표, 서비스표 등록 완료
11월	본사무소 이전
12월	F&C 유통 계약
2017년	
06월	협동조합 프랜차이즈 육성사업 선정
11월	서울시 지역형 예비사회적기업 선정
12월	대한민국 사회공헌 대상 표창장 수상(대한민국국회 교육문화체육관광위원장)

'협동조합 연혁별 주요 내용' 작성 예

교육 이수, 상담참여 활동도 좋습니다. 이런 근거자료가 그간
의 준비와 노력을 보여줍니다. 무에서 유를 창출하는 것이 아
니라 유에서 유를 만들어냅니다. 즉 있는 것을 더 있어 보이게

하는 것이 실력이자 경쟁력입니다. 평상시 활동사진이나 동영상 자료가 중요한 이유이기도 합니다. 협동조합 설립과정에서 사진을 남기고 기록하는 습관이 중요합니다. 이런 근거자료들이 소상공인 협동조합 준비에 얼마나 많은 노력을 기울였는지를 보여줍니다. 따라서 다음처럼 발기인대회, 창립총회, 협업화 사업을 위해 만난 회의 내용 등을 적는 방법이 있습니다.

2022년 1월 2일	발기인 모집 개시
2022년 2월 1일	협동조합 정관작성 1차 모임
2022년 3월 1일	협동조합 정관작성 2차 모임
2022년 4월 5일	창립총회

❷ 협동조합 설립배경

다음은 협동조합 설립배경입니다. 이는 협동조합 결성(설립) 사유 및 조합의 공동사업의 목적을 보여주는 항목입니다. 특히 협동조합의 결성 사유를 적을 때에는 소상공인의 개인 한계를 넘어서 협동조합 설립과 협력을 통한 '구체적인' 문제 해결과 성장의 방향을 제시해야 합니다.

이 부분은 정관 작성 시 조합원들과 충분히 논의했다면 그리 어렵지 않으실 겁니다. 협동조합 표준정관 '제2조 목적' 부분과 '제61조 사업의 종류'를 작성하셨을 겁니다. 이 부분을 잘 풀어서 쓰시면 됩니다.

우리가 협동조합을 설립한 이유

우리는 그동안 프랜차이즈 가게를 운영해왔습니다. 하지만 프랜차이즈 본사가 커질수록 거래가 불공정해졌고 점점 높아지는 원가를 감당하기 힘든 지경에 이르렀습니다. 점주들이 모여 점주협의회를 통하여 대응하였으나 개선사항은 받아들여지지 않았습니다. 이에 점주들이 프랜차이즈에서 벗어나 개별 가게를 만들고자 했습니다. 프랜차이즈의 그늘에서 벗어나 아이디어에만 그쳤던 메뉴들을 개발하고 품질을 강화하여 소비자들에게 다가가고자 했습니다.

하지만 처음 보는 브랜드를 믿지 못하는 소비자들, 광고, 패키지, 인테리어 등 처음 부딪히는 생소한 업무로 힘든 점이 너무나도 많았습니다. 그런 이유로 협동조합을 만들어 공동브랜드를 만들고 공동영업을 하고자 합니다. 이에 "우리 같이 좀 먹고살자!"라고 외치며 쿱외식협동조합을 설립하게 되었습니다.

우리 협동조합이 프랜차이즈 사업을 하는 목적

협동조합의 설립과 함께 조합원 및 예비조합원들의 교육이나 경영 컨설팅 등에 좀 더 체계적인 시스템과 매뉴얼의 필요성을 느끼게 되었습니다.

각 분야별 전문성을 갖추고 공동의 마케팅 전략, 새로운 메뉴를 개발, 하나의 브랜드로 통합, 공동의 홈페이지를 구축하는 등의 필요성을 절실히 느끼게 되었습니다. 제대로 된 시스템을 갖추고 협동조합에서 운영하는 기본에 충실한 프랜차이즈 모델을 만들어 힘을 키운다면 상생할 수 있는 공정한 프랜차이즈 문화를 만들 수 있다고 확신합니다.

시스템을 갖춤으로써 우리 조합은 각 분야별 전문성을 강화할 수 있고 협동조합 브랜드를 키워 인지도를 높이고 원재료의 공동구매와 공동마케팅 비용을 절감해 창업을 준비 중인 우리 조합원들과 처음 창업을 하거나 매장을 운영 중인 소상공인들에게 안정적인 영업환경을 조성하고 전문적인 교육을 체계적으로 할 수 있을 것입니다. 올바르고 공정한 프랜차이즈를 만들고 상생하는 프랜차이즈 문화를 만들고자 합니다.

협동조합 설립배경 작성 예

❸ 조합원 현황

조합원 현황은 협동조합의 총회 및 이사회를 중심으로 조직도를 활용하면 협동조합의 구성과 역할을 한눈에 확인할 수 있어 이해도를 높일 수 있습니다. 뒤에서 다시 설명하겠지만 협동조합은 총회, 이사회라는 의결기구를 통해 민주적으로 의사결정을 하는 조직운영 원리를 갖추고 있기 때문입니다. 총회와 이사회 외에 하부의 운영위원회나 팀을 어떤 방식으로 나눠서 표시할지 어려울 수 있습니다. 이때 공공기관이나 대기업 홈페이지의 조직도를 벤치마킹하는 것도 방법입니다.

조합원들의 조합 내 역할은 해당 분야 또는 유사 분야의 경험을 토대로 실제 역할 수행의 가능성을 고려해야 합니다.

해당 업무와 관련이 없거나 경험이 적은 경우 역할 수행에 한계가 생기게 되고, 사실상 조합 내 역할 부재로 효율적인 조합 경영에 어려움이 생길 수 있음을 감안해야 합니다.

끝으로 조합원들이 각 역할을 맡음으로써 공동사업에 따른 개인적 기대효과를 적어야 합니다. 예를 들어 "공동 수·발주로 인건비 절약", "고정 판매로 판촉비 절감", "안정적인 판로 확보로 물류비 절약" 등을 적을 수 있을 것입니다.

다음은 이를 반영한 예시입니다.

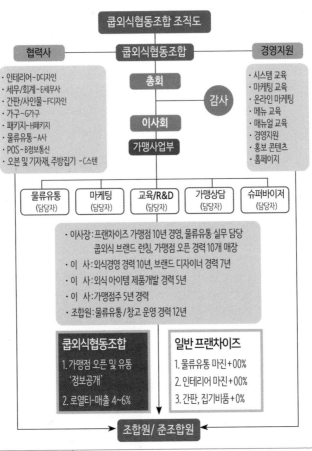

쿱외식협동조합 조직도

쿱외식협동조합

협력사 — 쿱외식협동조합 — 경영지원

총회

감사

이사회

가맹사업부

협력사
- 인테리어-D디자인
- 세무/회계-E세무사
- 간판/사인물-F디자인
- 가구-G가구
- 패키지-H패키지
- 물류유통-A사
- POS-B정보통신
- 오븐 및 기자재, 주방집기 -C스텐

경영지원
- 시스템 교육
- 마케팅 교육
- 온라인 마케팅
- 메뉴 교육
- 매뉴얼 교육
- 경영지원
- 홍보 콘텐츠
- 홈페이지

| 물류유통 (담당자) | 마케팅 (담당자) | 교육/R&D (담당자) | 가맹상담 (담당자) | 슈퍼바이저 (담당자) |

- 이사장:프랜차이즈 가맹점 10년 경영, 물류유통 실무 담당 쿱외식 브랜드 런칭, 가맹점 오픈 경력 10개 매장
- 이 사:외식경영 경력 10년, 브랜드 디자이너 경력 7년
- 이 사:외식 아이템 제품개발 경력 5년
- 이 사:가맹점주 5년 경력
- 조합원:물류유통/창고 운영 경력 12년

쿱외식협동조합
1. 가맹점 오픈 및 유통 '정보공개'
2. 로열티-매출 4~6%

일반 프랜차이즈
1. 물류유통 마진+00%
2. 인테리어 마진+00%
3. 간판, 집기비품+0%

조합원/준조합원

○○○(이사장)	• 조합 내 역할:조합원 관리 • 공동사업에 따른 개인적 기대효과:공동 수발주로 인건비 절약
○○○(이사)	• 조합 내 역할:물류유통 • 공동사업에 따른 개인적 기대효과:고정 판매로 판촉비 절감
○○○(감사)	• 조합 내 역할:회계 • 공동사업에 따른 개인적 기대효과:안정적인 판로확보로 물류비 절약
○○○(조합원)	• 조합 내 역할:마케팅 • 공동사업에 따른 개인적 기대효과:매입단가 및 유통비 절감으로 이익 확대
...	...

'조합원 현황' 작성 예

● 사업 추진계획

사업 추진계획은 '협동조합 운영성과', '사업 비즈니스모델', '세부 추진계획', '사업 기대효과', '향후 자립화 계획'으로 구성되며 가장 핵심이 되는 내용입니다. 앞에서 설명한 대로 각 부분들이 논리적으로 연결되고 쉽게 이해될 수 있도록 정성을 들여 작성해 나가시기 바랍니다.

❶ 협동조합 운영성과

협동조합의 운영성과는 설립 이후부터 쌓아온 발자취입니다. 우리 조합이 어떤 길을 걸어왔는지, 어떤 관계를 만들어 긍정적인 성과로 이어졌는지를 보여주는 것입니다. 우리가 일궈낸 성과를 어떻게 보여줄지는 스스로의 선택에 달렸습니다. 그저 몇 줄에 그치기보다는 그 사실을 증명하는 활동을 보여주는 게 좋습니다. 더 나아가 협력기관과 체결된 매출액과 조합원 참여, 역할분담을 확인할 수 있다면 신뢰를 주기에 충분할 것입니다.

이미 지원을 받았던 조합은 지원 후에 객관적인 성과를 상세히 작성해야 합니다. 예를 들어 고가 장비를 지원받았다면 얼마나 사용되었는지, 그 사용으로 얻어낸 매출향상, 외주용역 비용 절감은 얼마이며, 조합의 경쟁력은 어떻게 향상되었는지를 기술하는 것입니다. 기 지원의 성과기술이 중요한 이유는 무엇일까요? 해당 조합이 지원사업에 적극적으로 참여하고 있는지, 당초 사업계획에 따라 충실히 이행하는지를 살필 수 있기 때문입니다. 혹시 그간의 운영성과를 어떻게 채워야 할지 모르겠다면 아무 성과와 노력 없이 지원사업에 참여하려는 것은 아니었는지 곰곰이 돌아보아야 할 일입니다.

아래는 이러한 내용을 반영한 하나의 도식 표입니다. 참고해서 여러분 협동조합의 운영성과를 작성해보시기 바랍니다.

매출성과	
연도	금액
MOU 등 기관 협력 사항	
사진	내용
지원성과	
지원내역	성과

❷ 사업 비즈니스모델

사업 비즈니스모델 부분에서는 공동사업으로 어떻게 수익을 창출하고 진행하는지 구체적인 방법을 기술합니다. 한눈에 보기 쉽도록 사업모델을 도식화하거나 프로세스화하여 시각화합니다. 또한 판매촉진 방안, 지출비용, 사업을 통한 예상 수익 등이 잘 구조화되어야 합니다. 추가로 협업 파트너 회사 이름을 명시하는 게 좋습니다. 구체적이고 사실적인 내용을 담아낼수록 실질적인 사업 의지와 추진 가능성을 엿볼 수 있습니다. 반대로 추상적이고 두루뭉술한 내용은 추진 가능성과 신뢰를 얻는 데 한계가 있습니다. 특정 상품과 서비스가 제공되는 이유는 고객이 존재하기 때문입니다. 사업 비즈니스모델의 핵심은 고객의 삶의 질 향상에 있습니다.

사업 비즈니스모델을 적는 방법으로 먼저, 사업 수행의 주체를 적고, 다음으로 가장 중요한 돈을 벌게 해주는 아이템(재화 또는 서비스)을 서술하는 걸 추천합니다. 그리고 재화나 서비스의 판매 방법이나 장소를 간단하게 정리하여 적습니다. 마지막으로, 발생하는 수익의 형태와 배분방법 등을 기술합니다. 2장에서 다루었던 소상공인 협동조합 사례를 바탕으로 우리 협동조합의 사업 비즈니스모델을 어떻게 서술할 것인지 고민해봅시다.

소상공인 협동조합	사업 비즈니스모델
크래프트유니온 협동조합	수제맥주 제조의 노하우를 가진 조합원들의 협력을 바탕으로, 브루어리에서 직접 제조한 신선한 맥주를 매장 운영 및 납품을 통해 판매하며, 잉여는 조합에 적립하거나 조합원에게 배분한다.
보리네 협동조합	가맹본부(협동조합)와 가맹점 사업주(조합원) 간의 협력관계를 바탕으로, 협동조합 본부의 육식사업 노하우를 통해 조달한 신선한 돼지고기를, 조합원이 운영하는 협동조합 브랜드 식당에 원가로 공급하고, 조합원으로부터는 공급원가의 20%를 운영분담금으로 납부받는다. 운영분담금에서 발생한 수익은 조합에 적립하거나 조합원에게 배분한다.
천안시 나들가게 협동조합	나들가게에서 판매되는 상품의 공동구매로 바잉파워를 키워 매입가격을 낮추고, 자체 브랜드 상품을 개발해 판매함으로써, 조합원 매장의 수익 향상을 돕는다. 조합원의 회비와 자체 브랜드 상품 판매를 통해 발생한 수익은 조합에 적립하거나 조합원에게 배분한다.

협동조합 사업모델

업태 종목 수공예품
제조업, 도소매, 서비스(공예품, 공예교육)

주요 고객 예비창업자
(경력단절 여성 중심), 수공예 자격반+취미반

매장 콘셉트 수공예 전문 매장
(상품판매 및 교육 프로그램 운영을 위한 매장 콘셉트)

주요 입지 B급지 공동주택 인접 상권
(보증금 1,000만 원+임대료 100만 원)

매장 규모 23~40m²(7~12평)
가맹점 사업자의 효율적인 매장 운영과 매출 달성

판매 제품 천연비누, 목공예품 등
+ 공예교육(20개 교육 콘텐츠)

매출 비중 제품 판매 30% + 교육 프로그램 70%

매장 현황 5개 사업장
협동조합 매장 1개(평택), 조합원 3개 사업장(평택)
평택 통복시장 BB아트 매장 1개점

물류 유통 오프라인 매장 직접판매 방식 운영

시스템 구축

개발 프로세스

· 시장 분석
· 동종업종 분석
· 비용구조
· 관련 법령

개발방향

· 가맹사업모델 구축
· 정보공개서/가맹계약
· 매뉴얼
· 경영전략 수립
· 물류 및 유통
· 협력 네트워크
· 전국 거점 영업망
· 사회적경제 네트워크

이익공유형 사업모델

사업 비즈니스모델 예

❸ 세부 추진계획

세부 추진계획은 사업모델을 통해 구체적으로 어떻게 공동사업을 추진할지를 적는 항목입니다. 세부 추진계획의 각 항목은 심사위원이 반드시 알고 싶고 확인하고 싶은 내용입니다. 어렵더라도 여러분 스스로 조금씩 내용을 채워가기 바랍니다.

처음부터 잘 쓰기란 쉽지 않습니다. 먼저 여러분 업종과 관련해서 잘 쓰인 예시를 공부해보길 추천합니다. 그럼 참고할 만한 자료는 어디에 있을까요? 소상공인시장진흥공단 홈페이지(https://www.sbiz.or.kr)에 접속하면 '신사업창업사관학교' 메뉴가 있습니다. 그 다음에 '커뮤니티 〉자료실'에 가보시면 '2020 소상공인창업 이런 아이템에 주목하라'라는 게시물이 있습니다. 2014년부터 2020년 자료가 올라 있으니 다운로드받아 보시면 많은 도움이 되실 겁니다.

다음 페이지의 상자글은 소상공인 협업활성화 공동사업계획서에서 제시하고 있는 질문들입니다. 이중 필수로 답을 적어야 할 질문도 있는데 필수 질문뿐 아니라 다른 질문들에도 답을 해나가길 추천합니다. 그럼 각 질문에 대해 어떻게 정리하면 좋을지 하나씩 살펴보겠습니다.

1. (필수) 공동사업 지원의 필요성은?

2. (필수) 공동사업 지원 후 활용방법은?

3. 협동조합의 주요 고객과 상품의 가치는?
- 협동조합 제품 및 서비스를 원하는 고객은 어떤 필요성에 의한 것인지 기술
- 협동조합 제품 및 서비스는 현재 누구(어떤 고객)에게 가치가 있는지 주요 고객 순으로 현황 기술
- 협동조합 제품 및 서비스를 이용하는 주요 고객은 어떤 방식으로 서비스를 받고 싶어 하는지 기술(가격, 디자인, 성능, 편리성 등 다양한 욕구 중)
- 제공하는 제품의 가치가 경쟁업체와 어떠한 차이가 있는지 기술(경쟁업체보다 우위인 협동조합의 조건)

4. 협동조합 및 조합원 수익원천 및 현재 거래처에 제공하고 있는 제품(서비스)의 판매방식, 가격구조, 마진구조, 범위 등
- 사업수행에 의해 발생하는 수익원천과 지속적인 수익모델 기술
- 제공하는 제품(서비스)의 판매·제공 방식의 타기업과의 차별성
- 협동조합과 조합원 각각의 수익원천에서 마진과 시장점유율이 높은지 동일 업종별 비교 등 현황 분석
- 거래처 각각의 점유율은 협동조합과 조합원에게 각각 어느 정도이며 경쟁 업체에 비해 점유율 현황은 어느 정도인지 비교 분석

5. 고객의 반복구매를 유도할 수 있는 자사의 수단·방법·장치
- 각각의 고객마다 제품(서비스)의 반복구매를 유도할 수 있는 방안

6. 신규고객을 유인할 수 있는 수단·방법·장치 등
- 사업방식에 따라 신규고객을 유인할 수 있는 방안
- 고객확보와 고객유지 및 판매촉진을 위한 방안

7. 제품홍보 및 판매전략(경쟁업체와 비교, 차별성 서술)
- 경쟁업체는 어떤 운영전략을 실행하며, 얼마나 효과가 있는지 기술
- 경쟁업체와 비교하여 해당 조합만의 어떤 홍보 및 판매 전략이 있는지 기술
- 현재 또는 계획되어 있는 협동조합 방식이 타업체와의 경쟁에서 지속적인 수익을 창출할 수 있는지 현재 전략 및 향후 전략 기술

8. 협동조합 사업운영에 따른 조합원의 이익(혜택)은?

1. 공동사업 지원의 필요성

먼저 필수 질문인 '공동사업 지원의 필요성' 부분입니다. 소상공인 사업자의 경쟁력을 높이기 위해서 협업 공동사업이 왜 필요한 것인지 구체적이고 타당하게 명시되어야 합니다.

예를 들어보겠습니다. 청년미디어협동조합의 경우에는 공동사업 지원의 필요에 대해 지역 청년협동조합의 어려움과 온라인, 모바일 시장의 변화 속에서 경쟁력을 높이는 고가 첨단장비의 필요성을 언급했습니다.

"온라인 모바일 동영상 시장의 지속적인 성장세와 대형 업체의 동영상 콘텐츠 사업 투자가 확대되는 상황입니다. 지역 기반의 미디어 전문 서비스 확대와 경쟁력을 높이는 방안으로 고가 첨단장비의 도입이 절실합니다.(공동장비 지원:디지털 시네마 룩)"

그리고 온라인, 모바일 동영상 시장의 지속적인 성장을 제시하기 위해 모바일 트래픽 중 동영상 트래픽 비중이 2020년에는 60%, 2021년에는 78% 정도에 달한다는 구체적인 지표를 제시했습니다.

2. 공동사업 지원 후 활용방안

두 번째 필수 항목입니다. 앞서 언급한 청년미디어협동조합은 디지털 시네마 카메라 공동장비의 활용방안을 제시합니다. 조합원이 공동으로 사용하는 시네마 카메라를 대여할 경우 과다한 비용이 발생하고 원거리 이용에 제약에 뒤따랐는데, 공동장비 지원 시 1회 평균 75만 원의 대여비용 절감효과가 있다는 것과 그 산출근거를 제시했습니다. 이를 통해 시네마 카메라 공동장비 대여 시 겪은 비용문제, 제한적인 사용문제, 원거리 사용으로 발생했던 시간문제가 해결될 수 있음을 설명했습니다.

협동조합을 만날 때마다 공동사업의 필요성과 지원 후 활용방법을 묻곤 합니다. 그러면 기다린 듯 이런저런 이유를 말합니다.

"온라인 마케팅과 홍보활동이 필요합니다, 공동장비가 지원되면 경쟁력이 높아집니다, 운반 차량이 있으면 자체물류 유통을 시작할 수 있습니다."

그럼 제가 되묻습니다.

"온라인 마케팅으로 얼마만큼 외부에 노출되나요? 한 달간 신규 유입은 얼마나 예상하세요? 6개월간 누적유입 수와 상담 수, 계약 전환율은 얼마나 될까요? 공동장비 지원으로 가동률과 비용절감효과는 얼마나 기대할 수 있을까요? 공동차량이 지원되면 관리운영은 어떻게 하실 건지요?"

잠시 침묵이 흐릅니다.

"거기까진 생각하지 못했습니다. 지원사업을 준비하면서 차차 챙기겠습니다."

그저 필요하다는 이유, 좋을 것이라는 이유만으로는 상대를 설득하기 어렵습니다. 듣는 입장에서는 납득이 되지 않기 때문입니다. 납득이 된다는 건 그럴 만한 이유가 있다고 여겨질 때입니다. 그럴 만하다는 건 그 계획이 구체적이고 사실적이며, 지원 후 성과가 확실하다는 겁니다. 그러려면 깊이 보고, 세심하게 준비해야 합니다. 깊은 장맛이 기나긴 시간과 정성으로 만들어지듯 사업계획서의 깊이도 그러합니다.

3. 협동조합의 주요 고객과 상품의 가치

일반적으로 우리의 고객이 누구인지를 정의하는 일이 쉽지만은 않습니다. 대기업이라면 자체 조사나 외부 아웃소싱으로 시장 변화에 따른 고객 트렌드와 수요조사를 실시할 것입니다. 하지만 그 또한 많은 인력과 자료수집이 필요한 일로 시간과 비용이 소요됩니다. 그럼에도 고객 정의가 중요한 이유는 모든 비즈니스의 핵심은 고객의 존재에서 비롯되기 때문입니다. 다음 질문에 대해 한번 생각해보세요.

"우리 고객이 갖고 있는 문제인식은 무엇일까? 해결하고 싶거나 기대하는 서비스는 무엇일까? 우리는 고객의 욕구를 어떻게 만족시킬 수 있을까?'

쉽게 설명하기 위해 누구나 사용하는 치약을 예로 들어보겠습니다. 치약을 판매하는 기업에 고객이 누구인지 묻자 이렇게 말합니다.

"치약을 쓰는 모든 사람이 우리 고객입니다."

과연 그럴까요? 우리 집에서는 네 가지 치약을 사용합니다.

아홉 살, 열두 살 아이들이 사용하는 치약은 맛과 향이 달콤합니다. 아내가 사용하는 미백치약과 제가 쓰는 일반 치약도 기능과 용도가 다릅니다. 초등학생 아들에게는 맵지 않고 달콤한 향이 가득한 치약이 가치를 제공합니다. 하얀 이를 원하는 아내에게는 미백효과가 가치를 줄 수 있습니다. 이처럼 치약을 쓰는 모든 사람이 고객이 될 순 없습니다. 우리의 고객이 누구인지, 그 욕구가 무엇인지를 알아차릴 때 비로소 진정한 가치를 제공할 수 있습니다. 아홉 살 아이의 욕구와 40대 아내가 원하는 것이 무엇인지를 알아야 그 가치를 인정받아 계속적인 구매로 이어집니다.

실제 컨설팅 사례로 경력단절 여성들이 모여 수공예 제품을 만드는 협동조합의 예를 살펴보겠습니다. 수공예협동조합은 경력단절 여성들로 구성되어 10평 미만의 소형 매장에서 수공예품 교육과 제품 판매 서비스를 제공합니다. 이 조합의 시장조사는 매장 내 설치된 POS(point of sales, 판매시점 정보관리시스템) 데이터와 협동조합 관계자의 인터뷰를 기준으로 도출해 냈습니다. 주요 고객이 누구인지, 구매상품과 구매목적, 구매시간에 따른 성별 유형으로 고객을 정의할 수 있었습니다. 이러한 기본 자료 외에도 고객 인터뷰, 국가통계 자료와 논문, 공공 또는 민간기관의 발간자료를 수집해 활용하는 방법도 필요합니다.

우리의 고객이 누구인지 정의하지 못하면 우리 사업이 왜 존재해야 하는지도 설명할 수 없습니다. 고객 분석 자료는 평상시 POS 데이터 등록, 고객 인터뷰와 설문, 각종 통계자료 업데이트로 꾸준하게 관리되어야 합니다. 고객은 아는 만큼 보이고, 보이는 만큼만 가치를 인정받을 수 있게 됩니다.

다음 표는 이렇게 해서 조사된 수공예협동조합의 고객 구매유형에 대한 분석 자료입니다.

몇 가지 데이터를 살펴볼까요? 우선 주 고객층은 20대 후반에서 60대 후반까지의 여성이 전체 70%로 주를 이루며, 남성 고객층은 20대 후반에서 40대 후반으로 30%를 차지합니다. 주요 구매활동은 80%가 주간에 이루어지며, 상품은 수공

구분	고객별 구매유형 분석					
성별	여자 70%			남자 30%		
구매시간	주간 80%			주간 20%		
구매상품	**교육**	천연비누	목공예	디퓨저	캔들	탈취제
	60%	15%	10%	5%	5%	5%
구매목적	**기능성**	취미	선물	디자인	자격취득	창업
	40%	30%	15%	5%	5%	5%
연령	10대	20대	30대	**40대**	50대	60대
	5%	10%	15%	**35%**	25%	10%
직업	**주부**	직장인	전문직	학생	자영업	기타
	50%	20%	10%	10%	5%	5%

고객 구매유형 분석 예

예 교육과 제품 판매로 구성되어 있음을 알 수 있습니다. 구매목적은 천연비누와 나무도마, 향기제품 등 제품 본연의 기능성을 중시하는 비중이 40%이며, 교육을 통한 취미활동(30%)과 선물(15%) 등 자신만의 가치를 지향하고 있음을 알 수 있습니다.

이러한 데이터를 바탕으로 협동조합의 제품과 서비스를 이용하는 주요 고객은 어떤 방식으로 서비스를 받고 싶어 하는지 정리해보겠습니다.

먼저 가격과 디자인, 성능과 편리성 등 다양한 욕구를 지닌 고객 구매유형을 분석해 핵심 고객을 재정의합니다. 그리고 다음 표에서처럼 고객의 특성과 욕구, 제품과 서비스의 적용방안을 이끌어냅니다. 예를 들어 30~50대 가정주부와 직장인 여성들에게는 여가와 취미, 천연기능의 맞춤형 서비스를 제공하되 다양한 천연제품과 교육 콘텐츠를 시간과 가격 부담 없이 이용하도록 하는 게 중요하다고 보았습니다. 따라서 수공예 작가들이 만드는 천연제품의 가치를 공유하고 중저가 시장을 공략하는 것입니다.

최종 고객을 구분해서, 고객군별 고객 특성과 욕구, 적용방안을 다음과 같이 정리했습니다.

구분	고객특성	고객욕구	적용방안
고객군 1	• 수공예품을 통한 여가&취미&천연제품의 기능과 가치를 중요시하는 30~50대 여성 : 가정주부, 직장인 여성	• 고객이 원하는 다양한 천연제품과 교육 콘텐츠 • 시간·가격 부담이 없어야 함	• 천연제품의 특징과 가치를 적용한 춘저가 공략 : 수공예 작가들이 만드는 천연제품의 가치 공유 • 카테고리별 수공예제품 소개 매뉴얼 형태로 제공 • SNS 등 바이럴마케팅 적극 활용
고객군 2	• 자격취득 또는 창업을 희망하는 20~40대 여성 : 경력단절 여성 등	• 전문가 활동 및 수공예 매장 창업을 지원	• B2B 여성지원기관과의 업무제휴 및 창업지원 : 교육 콘텐츠 제공 : 희망 시 예숨 프랜차이즈 가맹사업 연계 지원
고객군 3	• 수공예 제품의 기능성 서비스를 원하는 20~40대 남성고객 : 천연향기 관련 제품과 선물용 제품 선호	• 자신이 원하는 제품 구성과 서비스	• 기능성 & 선물용 패키지 상품 구성 : 디퓨저, 캔들, 탈취제
고객 확보 방안	핵심 고객층인 20~50대 욕구에 부합하는 제품 구성과 교육 콘텐츠로 시장 확대 전략 실행 • 1차 고객 : 여가&취미&천연기능 = 맞춤형 서비스 제공 • 2차 고객 : 자격취득 + 전문가활동 = 창업지원 서비스 제공 • 3차 고객 : 향기제품 선호 + 지인 선물 = 패키지 서비스 제공		

고객 분류 예

4. 협동조합 및 조합원 수익원천, 현재 거래처에 제공하고 있는 제품(서비스)의 판매방식, 가격구조, 마진구조

이와 관련해서는 식용 곤충을 판매하는 곤충협동조합의 예를 들어보겠습니다. 이곳은 생산자 조합원이 사육한 곤충 원물을 수매해 가공제품을 개발하고 판매수익을 창출합니다. 이 경우 각각의 항목에서 심사위원이 궁금해하는 것은 무엇일까요?

해당 사업으로 어떻게 수익을 얻어내는지, 경쟁력을 갖춘 수익모델로서 지속가능한지를 알고 싶을 겁니다. 이를 증명하는 방법으로 시장조사와 경쟁사 분석, 제품과 서비스의 판매방식, 가격대와 마진구조의 비교분석이 필요합니다. 곤충협동조합의 경우 제품개발과 마케팅, 온/오프라인 판매와 물류유통을 협력 파트너사에 아웃소싱 했습니다. 각 파트너 기업이 조사한 기본정보로 제품을 기획하고 시장점유율과 예상 매출액을 산출할 수 있었습니다.

소상공인 협동조합은 고유한 사업모델을 갖고 있습니다. 해당 산업의 현실과 문제점, 시장구조와 고객 트렌드 등을 언급할 수 있지만 구체적인 사업계획으로 제시하라고 하면 어렵게 생각합니다. 당연한 이치입니다. 자기 경험과 생각을 체계화하는 과정은 또 다른 역량이기 때문입니다. 더구나 경쟁사 분석에 판매와 마케팅 전략까지 수립하라니 얼마나 머리 아픈 일인가요.

협업활성화 공동사업 신청서류에는 지원항목별 소요예산 내역과 개발계획서가 포함됩니다. 협동조합은 지원항목에 적합한 개발회사를 선정하고 소상공인시장진흥공단에서 제공되는 필요서식을 활용하게 됩니다. 이때 개발회사에서 제공받는 개발계획과 실행방안 자료를 적절히 활용해야 합니다. 먼저 협동조합이 원하는 좋은 자료가 무엇인지 생각해봅시다. 우리에게 좋은 자료란 어떤 자료인가요? 세부 추진계획에서 묻는 각 항목별 내용을 담고 있어야 좋은 자료가 될 것입니다. 브랜드 디자인을 의뢰한다고 가정해볼까요? 디자인 콘셉트를 기획하려면 자연스레 시장조사가 선행되어야 합니다. 협동조합의 업종 특성과 시장 트렌드를 살피고 경쟁기업의 현황도 분석해야 합니다.

마케팅도 마찬가지입니다. 우리 고객은 누구인지, 고객의 마음을 사로잡는 접근방법과 홍보 채널은 무엇이며 어떻게 활용할 것인지, 어떤 긍정적 결과를 얻어낼 수 있는지를 고민하게 마련입니다. 여기서 중요한 점이 있습니다. 우리가 원하는 좋은 자료를 얻으려면 적절한 요구가 필요합니다. 적절한 요구란 세부 추진계획서의 항목별 질문에 맞게 작성된 자료를 의미합니다.

덧붙여 개발회사와 좋은 인연을 맺으면 엉켰던 문제와 궁금증이 술술 풀립니다. 개발회사란 소상공인 협업활성화 공동사업에 참여하는 민간 협력업체입니다. 협동조합은 필요에 따라 개발회사를 선정할 수 있는데, 사업계획서에는 지원 분야와 그 세부내역, 추진일정, 사업비(정부지원과 자부담으로 구성)내역 등을 포함해야 합니다. 협동조합에서 선정한 개발회사는 공단 지정 양식에 맞춰 개발신청서와 세부 개발내용을 작성합니다. 협업활성화 공동사업에 최종 선정되면 개발신청 항목과 예산범위 내에서 업무를 수행합니다. 최종 산출물(브랜드, 공동마케팅, 네트워크, 규모화사업, 프랜차이즈 시스템 구축, 개발 등 항목) 제출이 완료되면 개발회사의 역할도 종료됩니다. 이렇듯 좋은 인연을 맺으려면 먼저 우리가 원하는 것은 무엇인지, 어떤 문제를 해결하려 하는지, 문제 해결 후 어떤 변화를 기대하는지 명확히 인식해야 합니다. 그래야 물을 수 있고, 그 답의 깊이를 헤아릴 수 있습니다. 귀인을 얻고 싶다면 우리가 먼저 귀인이 되어야 합니다.

적합한 사업 파트너를 만나기 위한 몇 가지 방법을 소개합니다. 지원사업을 신청하기 최소 3개월 전부터 개발회사 미팅을 진행합니다. 세부 추진계획의 항목별 질문에 맞도록 개발계획과 실행방안을 요청합니다. 같은 방법으로 최소 3개 이상의 개발회사를 만나 옥석을 가려냅니다. 그렇게 준비된 내용으로 사업계획서의 세부 추진계획을 채워봅니다. 조합원과 파트너가 모여 추진계획의 구체성과 실현가능성을 점검합니다. 세부추진 계획의 핵심은 무분별한 나열이 아닙니다. 아울러 외부협력을 적절하게 활용하여 우리가 원하는 결과를 얻어내는 것도 능력이자 경쟁력입니다.

5. 고객의 반복구매를 유도할 수 있는 자사의 수단, 방법, 장치

앞서 소개했던 수공예협동조합의 고객 특성과 욕구에 따른 고객 분류와 고객확보 방안을 연결해 설명하겠습니다. 반복구매란 의미 그대로 기존 고객의 재구매를 뜻합니다. 특정 제품이나 서비스를 반복해 이용한다는 건 어떤 의미일까요?

예를 들어보겠습니다. 요즘에는 남녀노소 불문하고 탈모 때문에 고민합니다. 시중에 판매되는 탈모방지 제품도 눈에 띄게 늘었습니다. 저 역시 여러 종류의 제품을 사용해봤습니다. 광고와 달리 머릿결이 뻣뻣해지거나 증세가 호전되지 않아 사용을 중단한 경험도 여러 번입니다. 지금은 특정 브랜드 제품을 계속해서 이용 중인데요. 그 이유는 사용 후 증세가 나아졌기 때문입니다.

이처럼 반복구매의 본질 또한 고객이 겪는 문제를 해결하는 것에서 비롯됩니다. 제아무리 값비싸고 이름난 제품이라도 효능이 없다면 제게는 무용지물에 지나지 않습니다. 제품과 서비스가 고객의 반복구매로 이어진다는 건 그 가치를 인정받는 것입니다.

앞서 살펴본 수공예협동조합은 고객확보 방안으로 1, 2, 3차 고객군을 설정하였습니다. 기존 고객의 구매유형 분석(129쪽의 표 참조) 결과를 살펴보면 반복구매가 예상되는 잠재고객은 70% 내외입니다.(기능성 40%, 취미활동 30%) 반복구매의 핵심은 20~50대 주요 고객의 욕구를 충족시키는 것입니다.

1차 고객은 여가와 취미, 천연기능이 포함된 맞춤형 서비스를 기대합니다. 30~50대 가정주부와 직장인 여성의 상당수가 1차 고객군에 속합니다. 2차 고객군은 취미를 넘어 자격취득과 전문가 활동이 연계된 창업지원 콘텐츠로 연결됩니다. 자격을 취득하거나 창업을 준비하려면 다양한 수공예 프로그램과 교육 콘텐츠 경험이 필요합니다. 자연스레 제품과 서비스, 교육 콘텐츠의 반복구매가 이어지고 핵심 고객층인 20~40대 경력 단절 여성의 이용률과 충성도도 따라 오릅니다. 3차 고객군은 천연향기 제품 사용과 선물용 패키지 서비스를 원하는 20~40대 남성입니다. 다양한 제품패키지 개발과 선택 옵션이 연결되면 자연히 고객의 구매 빈도가 높아지고, 재구매로 이어집니다.

고객의 반복구매를 묻는 이유는 우리가 제공하는 제품 서비스가 얼마만큼의 고객가치를 담아내는지 알아보기 위함입니다. 이렇듯 협동조합의 비즈니스모델이 얼마나 매력적인지는 고객 재구매율만 봐도 알 수 있습니다.

6. 신규고객을 유인할 수 있는 수단, 방법, 장치

이와 관련해서 마케팅의 한 가지 방법으로서 4P 전략에 따른 작성 예시를 들어보겠습니다. 4P 전략은 표적 시장에서 효과적인 전략을 수립하기 위한 방법으로, 제품/서비스(Product), 가격(Price), 촉진전략(Promotion), 유통경로(Place) 4가지 핵심 요소를 말합니다. 앞서의 수공예협동조합은 이를 토대로 다음과 같이 신규고객을 유인할 수 있는 방안을 짰습니다.

먼저 수공예협동조합의 상품구성(PRODUCT)을 살펴보면 크게 천연제품과 친환경제품 구매, 교육 콘텐츠 이용으로 구분됩니다. 전체 매출액에서 교육 콘텐츠의 비율은 무려 60%를 차지합니다. 수공예제품의 단품 판매보다 월등히 높으니 다소 의외이지요. 그 이유를 자세히 살펴보면 궁금증이 해소됩니다. 교육 콘텐츠는 취미과정과 자격취득과정으로 교육재료 구입이 반드시 필요합니다. 이용고객 입장에서는 재료비가 포함된 수강료를 지불하는 것입니다.

수공예협동조합은 이러한 고객욕구를 반영하여 다양한 콘텐츠를 제공합니다. 토탈공예 등 21개 취미과정과 목공 DIY 등 25개 자격취득과정에 사용되는 41개 교육재료를 활용할 수 있습니다. 천연제품 중에서는 천연비누의 단품 구매비율이 15%에 달합니다. 조합에서는 50개가 넘는 비누제품 구성으로 선택의 폭을 넓혀갑니다. 기업은 시대 흐름과 트렌드에 맞춰 상품구성을 변화시켜갑니다. 다양한 제품 서비스보다 우선하는 건 고객이 원하는 바를 충족하는 것임을 유념하셔야 합니다.

다음은 가격전략(PRICE)을 살펴보겠습니다. 경쟁사와 비교할 때 가격전략은 다소 낮거나 비슷한 수준입니다. 오프라인 시장을 주도하는 양키캔들은 프리미엄 제품군으로 중고가의 다소 높은 가격대를 형성합니다. 중저가 제품 서비스를 제공하는 수공예협동조합과는 처음부터 고객설정과 가격정책이 다를 수밖에 없는 이유입니다. 제품 서비스의 가격정책은 여러

상황을 고려해야 합니다.

먼저 기업의 브랜드 인지도를 빼놓을 수 없습니다. 양키캔들은 미국에 본사를 둔 글로벌 브랜드입니다. 4,000여 종의 향기 제품을 출시하여 2020년 매출액 310억 원을 달성하고 국내 123개(직영점 20개 포함)의 가맹점을 운영합니다.(공정거래위원회 가맹사업정보제공시스템 홈페이지-2020년도 정보공개서 등록기준 자료 인용) 자체 물류센터를 확보해 체계적인 물류공급과 가격경쟁력을 확보했습니다. 가맹점 입장에서는 안정적인 매장 운영이 가능하므로 새로운 매장을 얻으려 할 것입니다. 고객은 다양한 가격대의 제품을 이용할 수 있어 매장을 찾아 나섭니다. 고객은 같은 값이면 익숙한 브랜드를 선호합니다. 그래야 마음이 놓이고, 혹시나 예상치 못한 불편함을 겪지 않기 때문입니다. 일상에서 비슷한 품질임에도 브랜드 인지도에 따라 가격이 달랐던 경험이 있을 겁니다. 브랜드 인지도가 낮은 기업은 가격을 낮추고 판매율을 높이는 가격정책을 수립합니다. 낮은 가격대를 유지하려면 여러 조건이 필요합니다. 경쟁력을 갖춘 비용구조와 공급체계를 구축해야 합니다. 안정적인 원자재 구매채널을 확보하고 생산성을 높이는 관리운영 시스템도 갖춰야 합니다. 이렇듯 가격전략은 시장상황과 경쟁관계, 고객 설정에 따라 달라질 수 있습니다.

기업은 고객이 원하는 적절한 가격을 고민합니다. 반면 고객은 늘 자신이 지불한 가격이 적정한지를 따져봅니다. 보통은

상품구성 **PRODUCT**	● **천연제품** 　• 천연비누 50개 　• 천연캔들 8개 　• 아로마 디퓨저 38개 ● **친환경제품** 　• 친환경세제 9개 　• 목공완제품 35개 　• 목공 DIY 36개 ● **교육 콘텐츠** 　• 취미과정 　• 토탈공예 등 21개 자격취득과정 　• 목공 DIY 등 25개 교육재료 　• 다용도함 등 41개 **핵심 고객층의 욕구에 부합하는 다양한 수공예 상품 구성과** **교육 콘텐츠 개발**
가격전략 **PRICE**	● 제품가격 → 중저가 정책 　**WHY?** 　• 경쟁사 대비 가격전략은 다소 낮거나 비슷한 수준임 　• 다양한 가격전략 　• 가맹점 매출증대 전략 **핵심 고객층 중심으로 시장확대 전략**
유통전략 **PLACE**	● B급 상권 입지(주차장 확보가 가능한 입지 유리) ● 주택가 + 오피스 혼합 상권 ● 생산자 조합원 중심으로 수공예품 직접 공급망 운영 **오프라인 매장 중심의 교육 콘텐츠 서비스 제공 및 제품 판매**
프로모션전략 **PROMOTION**	● 소셜미디어 홍보 및 광고(SNS 연계 바이럴 마케팅) ● B2B 오프라인 마케팅(여성새로일하기센터 등) ● 수공예품 스토리텔링 마케팅(홈페이지, 블로그) ● 수공예품 체험 마케팅(가족체험, 현장체험 등) **다양한 프로모션전략으로 가맹점 매출증대와 안정화로** **가맹점 확산전략 실행**

4P전략 예

자신이 지불한 비용보다 높은 품질과 서비스를 제공받았다면 만족스러운 선택이라 여길 겁니다. 이러한 고객의 판단기준은 유사경험에서 비롯됩니다. 먹어보고, 입어보고, 사용해본 경험을 비교할 수 있기 때문입니다. 무한경쟁 시대에 놓인 기업에게 시장조사와 경쟁사 분석, 고객 분석이 필요한 이유일 것입니다. 고객에게 적절한 가격이란 없습니다. 더 적은 비용부담으로 더 많은 가치를 제공한다면 그 가격이 고객을 만족시키는 가치로 이어질 테니까요.

이번에는 유통전략(PLACE)을 알아보겠습니다. 수공예협동조합은 경기 남부지역을 거점으로 B급지 상권(A급지 상권은 역세권 등 유동인구의 진출이 빈번하여 오프라인 매장의 예상매출액이 높은 지역으로 구분됩니다. B급지 상권은 메인 상권에서 조금 벗어나 유동인구의 흐름이 다소 낮은 반면 건물 보증금과 임대료 등 고정비 부담이 적은 장점이 있습니다.)을 공략했습니다. 주택가와 오피스가 혼합된 지역 내에 주차장 확보가 가능한 입지를 선택했습니다. 월 매출액 800만 원에 영업이익 300만 원이 달성 가능한 오프라인 잠재 고객군을 설정한 것입니다. 온라인 유통전략은 수공예협동조합의 자체 쇼핑몰과 외부 이커머스를 활용한 온라인 전자상거래로 광역적인 유통채널을 확보했습니다. 오프라인 유통채널의 지역적 한계를 보완하기 위해 온라인 유통채널을 적절히 활용해야 합니다. 얼마만큼 체계적인지 어느 정도의 효율성을 달성하는지가 지속가능성과 경쟁력을 좌우합니다.

7. 제품홍보 및 판매전략

협동조합이 제공하는 제품의 가치가 경쟁업체와 어떠한 차이가 있는지도 살펴봐야 합니다. 우리가 제공하는 제품과 서비스의 가치를 객관적으로 보여준다는 건 어떤 의미일까요?

보통은 자기자랑을 늘어놓기에 급급합니다. "우리 제품은 특허 출원과 면세점 입점으로 경쟁력을 확보중이며, 최근에는 온라인 쇼핑몰 입점으로 매출도 증가 추세"라며 말을 이어갑니다.

이럴 땐 차분하게 질문을 던집니다.

"우리와 경쟁하는 업체는 몇 개 회사나 있을까요? 우리가 제공하는 제품과 서비스와는 어떤 차이가 있을까요? 경쟁업체와 비교할 때 우리의 강점과 약점은 무엇일까요? 고객은 왜 우리 제품을 구매할까요?"

여기서 객관적으로 보여준다는 건 경쟁업체와 비교하여 우리 제품과 서비스가 어디쯤에 있는지를 속속들이 알고 있다는 겁니다. 잘 알려면 깊이 들여다봐야 합니다. 마치 우리 조합을 설명하듯 경쟁업체를 선명하게 보여줄 수 있어야 합니다. 그래야 정확하게 비교할 수 있고, 묻는 이에게 신뢰를 심어줄 수 있습니다.

경쟁업체를 면밀하게 분석하는 일 또한 쉬운 일은 아닙니다. 한두 번의 시장조사만으로는 상대를 알 수 없는 노릇입니다. 경영학에 자전거 이론이 있습니다. 멈춰선 자전거는 쓰러지지 않지만, 한 번 페달을 밟은 자전거가 쓰러지지 않으려면 계속해 밟아 나아가야 합니다. 경영이란 이렇듯 끊임없이 달려야 하는 자전거와 같습니다.

가장 기본적인 조사방법은 해당 기업의 홈페이지를 분석하는 일부터 시작하는 것입니다. 회사의 연혁, 주요 제품과 서비스, 조직도, 핵심 활동, 핵심 파트너, 주요 실적과 매출추이 등을 확인합니다.

다음으로는 오프라인 매장을 방문하거나 온라인으로 제품과 서비스를 직접 이용해봅니다. 매장의 콘셉트는 어떠한지, 시간대별 이용고객과 연령대별 주요 판매제품은 어떤 차이가 있는지, 고객 편의시설과 고객 응대 서비스는 어떤 차이가 있는지, 온라인 이용 시 차이점은 없었는지, 고객 이용후기와 평점은 어떠했는지 유심히 살펴야 합니다.

이렇듯 준비된 협동조합은 스스로가 아닌 상대를 설명하며 그 가치와 차별성을 증명합니다.

모든 재화와 서비스는 경쟁자가 존재하게 마련입니다. 여기서 차별성이란 고객에게 제공되는 특별한 가치를 의미합니다. 우리만이 제공할 수 있는 콘텐츠와 기술, 인적자원 확보, 시스템 구축, 제품개발과 서비스 등이 해당됩니다. 일반적인 판단기준은 동일 또는 유사기업과의 비교분석으로 구분할 수 있습니다. 고객은 차별성을 갖춘 기업을 선호합니다. 그러니 우리가 지니고 있는 차별성을 하나하나 잘 보여주고 표현하는 방법도 실력이자 경쟁력임을 잊지 마시길 바랍니다.

경쟁사	수공예 협동조합	목공수작	몽키캔들	실이야기	도예공방
콘셉트	천연제품 수공예 공간	천연 목공예 전문 브랜드	프리미엄 향초 전문 매장 (힐링&웰빙)	손뜨개 분야 전문 브랜드	도자기 공방 전문 브랜드
주 고객층	20~50대	20~50대	20~50대	30~50대	30~50대
제품 서비스	· 천연수공예품 · 교육 콘텐츠	· 천연목공예품	· 4,000여 종 향기 전문 제품 판매	· 손뜨개 제품 · 교육 콘텐츠	· 도예 제품 · 교육 콘텐츠
주요 제품	· 천연비누 · 천연세제 · 천연목공예 (완제/반제) · 교육 커리큘럼	· 테이블 · 서랍장/캐비닛 · 벤치/의자 · 아이들 용품 · 인테리어소품	· 캔들 · 디퓨저 · 차량용품 · 액세서리 · 선물세트	· 실 · 패키지 · 바늘/도구 · 단추 · 부자재	· 핸드페인팅 · 일일체험 · 입시도예 · 식기/인테리어 · 용품 주문제작
가격대	중저가	중고가	중고가	중고가	중고가
가맹사업 시스템/ 교육	· 수공예 협동조합 · FC이익공유형 가맹사업 시스템	· 개인사업자 · FC 가맹사업 초기	· 몽키캔들 글로벌브랜드 · ㈜무역 (한국공식수입원)	· 실아카데미 교육 프로그램 (취미+창업) · 손뜨개협회 · 자체물류센터	· 법인사업자 · FC 가맹사업 (협업형)
판매 채널	· 가맹점 판매 · 온라인 쇼핑몰 (계획)	· 직영점 운영 · 온라인 스토어팜	· 가맹점 판매 · 온라인 아울렛 쇼핑몰 운영	· 가맹점 판매 · 온라인 쇼핑몰 운영 (판매수익 분배)	· 가맹점 판매 · 도예교육(매장)

주요 경쟁사 비교

8. 협동조합 사업운영에 따른 조합원의 이익

이번에는 조합원의 이익 공유와 배분방법을 알아보겠습니다. 조합원이 되기 전에 꼭 묻는 질문이 있습니다. "협동조합에 가입하면 어떤 이익이 생기나요? 뭐가 좋은가요?"

사례로 살펴본 수공예협동조합에서는 조합원에게 어떤 이익을 제공했는지 살펴보겠습니다. 지역에 있는 소규모 공예인들에게는 어려움이 있었습니다. 작은 매장을 운영하다 보니 판로개척과 수요발굴에서 한계에 다다르고, 제품의 다양성 부족으로 고객의 욕구를 충족하기가 어려웠습니다. 기술개발과 신상품이 부족하니 매출은 제자리걸음입니다. 이처럼 개인 역량만으로는 현실을 극복할 수 없다고 여긴 사람들이 모여 협동조합을 설립했습니다. 지금 그들은 수공예협동조합의 조합원으로 함께합니다.

수공예협동조합은 공동사업을 시작했습니다. 원부자재 공동구매로 원가를 절감하고, 다양한 제품을 개발하고 판로를 개척해 조합원의 경쟁력과 매출을 높였습니다. 무엇보다 개인이 아닌 조합원으로 하나가 되어 협력하게 되었습니다. 조합원은 협동조합 정관에 따라 이용실적 배당 50%와 출자배당 10% 한도 내에서 이익을 공유합니다.

협동조합 사업운영에 있어 기본원칙 중 하나는 조합원에게 이익을 제공하는 것입니다. 만약 우리 조합을 바라보는 심사위원이 앞에 있다면 무엇을 알고 싶을까요? 조합원의 이익 공유

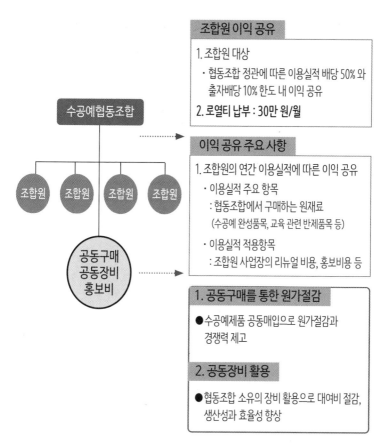

조합원 이익 공유 사례

체계는 어떠한지, 이용실적 배당금 항목은 얼마나 구체적이고 조합원 입장에서 납득이 가능한지, 이용자 입장에서 형평성에 어긋나지는 않는지, 이익을 실현할 만큼 충분히 관리되고 있는 지 궁금할 겁니다. 그 하나하나를 세심히 들여다보고 보여줘야 하는 건 온전히 우리의 몫임을 잊지 않으셔야 합니다.

❹ 사업 기대효과

사업 기대효과에서는 협동조합의 사업추진 목표와 확대·발전, 공동사업 지원 시 기대효과를 기술합니다. 정성적 성과

사업내용	지원 전	지원 후
개발	• 2008년 탄생한 이래 전문적 메뉴 개발이 없어서 9년 동안 큰 변화가 없었기에 고객들이 식상해하는 경향이 있음.	• 요즘 트렌드에 맞으면서도 특색 있는 메뉴를 개발하여 소비자 호기심 자극, 재방문율을 점점 높여 매출상승 효과
브랜드	• 전문가의 도움 없이 조합과 조합원의 개성을 살려 때마다 상황에 맞춰 진행하다 보니 통일된 이미지가 없어서 브랜드에 대한 고객 인식이 낮음. • 우리 조합이 가진 가치, 비전, 미션, 정체성, 하는 일이 정확히 무엇인지 알기 어려움	• 현 트랜드에 맞는 브랜드 아이덴티티 구축으로 브랜드 인지도 및 고객 신뢰감 상승 • 고객욕구를 만족시켜 브랜드파워 강화 및 매출상승으로 장수하는 브랜드 • 전달력 상승, 사회적경제 영역에 긍정적 효과
마케팅	• 개인 업체라는 잘못된 인식 • 광고는 각자 매장 재량 • 광고비용 각자 부담 • 광고 효과 부족	• 홍보물과 홍보영상, CF영상 등을 제대로 준비하고, 개발한 콘텐츠를 효과적으로 광고하여 브랜드 인식을 높이고, 고객 재방문율 상승
공동장비	• 공동사업 규모화를 위하여 인원과 장비가 여러 가지 필요한 시기이지만, 물류 마진 최소화로 자금 조달 불가 • 트렌드에 맞는 신속한 진행 불가	• 규모 있는 선순환 수익 구조 실현하는 협동조합 • 조합, 조합원 점주, 비조합원 점주 간 진정한 상생 • 시장의 경쟁에서 생존

사업 기대효과(정성적성과) **예**

와 정량적 성과를 작성합니다. 정성적 성과는 공동사업 지원 전/후 문제점과 개선된 성과를 기술합니다. 정량적 성과는 매출액, 고용창출, 가맹점 증가 등 정량적 수치를 작성합니다.

앞부분을 쓰다가 지쳐서 여기에 정성을 쏟지 않는 경우가 있습니다. 그렇지만 이 부분을 잘 쓰셔야 하는데요. 지원금을 받아서 구매하거나 제작하는 것들을 협동조합이 활용해서 어떤 결과가 나오는지 연결되게 쓰는 것이 매우 중요합니다. 마케팅 지원의 경우 기존 매출이 얼마인데 지원을 받으면 얼마까지 증가한다는 식으로 써야 한다는 것입니다. 마케팅 지원을 받아 이런저런 사업을 수행했는데 매출증가라는 기대효과가 없다면 지원가능성이 저하되지 않을까요?

❺ 향후 자립화 계획

끝으로 향후 자립화 계획입니다. 이는 공동사업 지원 후 협동조합 자립화 계획, 중장기 협동조합 계획 등을 적습니다.

자립화 계획의 핵심은 홀로 설 수 있는 능력을 검증하는 것입니다. '3년 내 매출 10억 달성'과 같은 추상적 문구는 계획이라기보다는 기대에 가깝습니다. 최소 3년 이상의 매출계획을 수립합니다. 현재 기준 제품과 서비스 매출액 추이를 분석하고 연도별 목표금액을 설정해봅니다. 숫자 하나하나에 의미를 담아내려면 숫자에 담긴 의미를 이해해야 합니다. 이것이 실현가능한 것인지 잘못된 오류는 없는지 발견하지 못한다면 허수로 묶인 숫자 나열에 불과합니다. 살아 숨 쉬는 계획 또한 스스로의 선택에 달려있습니다.

4장

협동조합 운영을 위해
체크해야 할 것

＊＊＊

이번 장에서는 협동조합을 잘 운영하기 위해 알아두어야 할 내용을 정리했습니다. 소상공인 협동조합은 설립하는 것으로 끝나는 게 아닙니다. 거듭 말씀드리지만 소상공인 협업활성화 공동사업의 지원금을 받는 것도 결국 이를 마중물 삼아 협동조합 사업을 잘 운영하기 위해서입니다.

물론 여러분 각자는 소상공인으로서 사업 경험이 풍부한 분들이 많으실 겁니다. 하지만 협동조합은 회사처럼 하나의 법인이나 개인사업자로서 사업을 했던 것과는 차이가 있습니다. 또 1장에서 설명했듯이 협동조합은 규칙과 모임이라는 독특한 운영방식으로 운영되는 사업체입니다. 따라서 이런 부분을 알고 있어야 소상공인 협동조합을 잘 운영할 수 있습니다.

1
경영을 위한
체크사항

경영은 무엇일까요?

여러분은 소상공인으로서 최선을 다해서 사업을 운영하고 있지만 여러 가지 한계에 직면하고 있으실 겁니다. 그래서 협동조합을 만들어 그 한계를 뛰어넘고자 노력하고 계실 겁니다.

이를 위해 우리는 개인적으로도 사업체 경영을 하고 있고, 협동조합 경영도 해야 하는데 막상 경영이 뭐냐고 물어보면 대답하기가 그리 쉽지 않습니다. 네이버 국어사전에는 일정한 목적을 달성하기 위하여 인적·물적 자원을 결합한 조직, 또는 그 활동이라고 정의되어 있습니다. 그러나 이러한 설명이 피부에 와 닿지 않습니다. 소상공인 각자의 생존도 버거운 현실에서 협동조합 경영까지 하려니 물리적인 시간을 내기 어려울 뿐 아니라 이사회나 총회에 참석하여도 무엇을 해야 할지 막

막할 따름입니다. 개인사업을 오랫동안 운영하였지만 대부분 단독으로 의사결정을 하고 실행에 옮기다가 조합원들과 뜻을 모아 공동으로 의사결정을 하고 실천에 옮기려다 보니 다양한 갈등과 시행착오가 있으실 겁니다.

경영에 대해 많은 학자들이 정의를 내리고 있습니다. 그중에 쿤츠(Koontz)는 경영은 의미 있는 조직 목표들을 성취하기 위해 가능한 한 가장 효율적인 방법으로 조직의 일을 계획하고, 조직하고, 충원하고, 지휘하고, 통제하는 활동이라고 정의하고 있습니다. 쿤츠가 정의한 '경영'에서, 의미 있는 조직 목표들을 성취하기 위해서는 돈이 필요합니다. 주식회사이건 협동조합이건 비영리 조직이건 조직의 생존에 반드시 필요한 것으로 매우 중요한 것입니다. 협동조합이라고 해서 돈을 버는 것에 소홀할 수도 외면할 수도 없습니다.

조금 더 정리해서 얘기하면, 경영이란 자원(Resources)을 효율적으로 이용하여 협동조합이 설립목적과 미션, 비전을 달성하기 위해 행하는 모든 활동이라고 할 수 있습니다.

여기서 경영에 있어 가장 중요한 요소인 '자원'에 집중할 필요가 있습니다. 자원에는 사업을 수행하는 데 필요한 사람, 돈, 정보 등 여러 가지가 있겠죠. 문제는 소상공인이나 소상공인 협동조합 모두 자원이 부족하다는 것입니다. 자본주의 사회에서 사업을 한다는 것은 항상 경쟁상대가 있다는 것을 의미합니다. 따라서 자원이 부족하다면 사업을 수행하는 데 성과를 도출하기 어렵습니다. 그래서 자원을 더 효율적으로 활용하는 것이 중요합니다. 부족한 자원을 가지고 성과를 도출하는 것, 그것이 바로 경영입니다.

경영 목표를 바로 세우지 않으면 배가 산으로 갑니다

기업이나 개인이나 달성해야 할 명확한 목표가 없다면 당연히 실천이 이루어질 수 없을 것입니다. 우리가 갈 곳을 정하지 않고 출발할 수 없듯이 해야 할 일을 정리하지 않고 일을 할 수는 없는 법입니다. 해야 할 일을 결정해야 경영을 할 수 있겠죠.

목표를 설정하기 위해서는 협동조합의 가치체계가 구축되어야 합니다. 가치체계라는 것이 어려운 것은 아니고요, 설립목적 및 비전을 쉽게 알 수 있도록 체계적으로 정리한 것을 말합니다. 협동조합 구성원이 가치체계를 공유해야만 협동조합 경영이 제대로 이루어질 수 있습니다. 이와 관련해서는 소상공인 협동조합과 관련 있는 공공기관 두 곳의 가치체계를 비교하여 설명하고자 합니다.

먼저 소상공인 협동조합을 지원하고 있는 소상공인시장진흥공단의 설립목적을 살펴보면 "소상공인 육성, 전통시장·상점가 지원 및 상권 활성화"를 위해 설립된 준정부기관입니다. 한국사회적기업진흥원은 "사회적기업의 육성 및 진흥에 관한 업무를 효율적으로 수행하기 위함"이라고 설립목적을 홈페이

구분	소상공인시장진흥공단	한국사회적기업진흥원
설립 목적	소상공인 육성, 전통시장·상점가 지원 및 상권 활성화	사회적기업의 육성 및 진흥에 관한 업무를 효율적으로 수행하기 위함
미션	소상공인·전통시장의 지속가능한 성장을 이끌어 국민경제 활성화에 기여	사회적경제 활성화를 통한 사회통합과 국민의 삶의 질 향상
비전	신뢰받고 행복 주는 소상공인전통시장의 평생 파트너	사회적경제 선순환 생태계 조성을 지원하는 통합전문지원기관
전략 목표	● 소상공인전통시장 경쟁력기반 강화 ● 디지털역량 강화를 통한 경영혁신 ● 위기극복 사회안전망 확보 ● 사회적 가치경영 실현	● 사회적경제기업의 경쟁력 강화 ● 사회적경제의 지역생태계 지원 강화 ● 사회적경제 확산여건 조성 ● 사회적 가치 선도 실현

가치체계의 예

지를 통해 밝히고 있습니다.

그렇다면 소상공인 분들은 어떤 목적으로 협동조합을 설립하셨습니까? 협동조합 설립목적은 소상공인들의 업종, 해결하고자 하는 문제에 따라 다릅니다. 따라서 우리가 왜 모여서 협동조합을 만들려고 하는지 되돌아보고 정리하여야 할 것입니다. 이 부분은 정관에서 명시하게 되어 있지요. 따라서 정관 작성 시 표준정관 내용대로 작성하실 것이 아니라, 구성원의 의견을 모아 우리가 모여서 해결하고자 하는 문제들과 달성하고자 하는 목표를 기재하셔야 합니다.

이렇게 설립목적이 정리되었다면 가치체계의 첫걸음을 하셨다고 보면 됩니다. 자, 그럼 설립목적에 따라 미션, 비전, 전략목표를 결정해야겠지요. 어려우시다고요? 예, 어려울 수 있습니다. 그런데 경영이라는 것은 끊임없이 어떤 사항을 결정하는 것입니다. 달리 말하자면 선택하는 것이지요. 좋은 의사결정이 좋은 결과를 만듭니다. 그러니 피할 수 없겠지요. 예를 하나 들어볼까요? 여러분이 가족여행을 떠나려면 우선 목적지를 결정하고, 정보를 수집하고, 가족 구성원들과 의논도 하고, 예산을 마련하는 등의 활동을 하실 것입니다. 가치체계를 구축하는 것도 이와 비슷하다고 할 수 있습니다.

그럼 미션을 설정해보겠습니다. 미션(mission)이라는 것은 여러분이 만드는 협동조합이 세상에 태어난 이유입니다. 다시 말하면 협동조합의 존재가치에 대한 것입니다. 앞의 표에서 보면 소상공인시장진흥공단의 미션은 "소상공인 전통시장의 지속가능한 성장을 이끌어 국민경제 활성화에 기여"하는 것이라고 합니다. 한국사회적기업진흥원은 "사회적경제 활성화를 통한 사회통합과 국민의 삶의 질 향상"이라고 합니다. 각각의 설립목적에 따라 부여된 미션이 다릅니다.

미션이란, 여러분이 만들 협동조합 혹은 이미 만들어진 협동조합은 누구를 대상으로 어떤 일을 수행해서 무엇을 이루고 싶은지 정리하는 것입니다. 미션은 소상공인들이 만들 협동조합이 존재하는 한 지속적으로 해야 할 일을 말합니다. 그러니 한번 설정되면 변하기 어렵습니다.

예를 들어볼까요? 최근 무서울 정도로 물가가 오르고 있습니다. 물가가 오른다는 것은 원재료를 포함한 원가가 상승한다는 것입니다. 그러나 소상공인들은 소비자가를 쉽게 올리지 못합니다. 극심한 가격 경쟁을 하고 있는 상황에서 가격을 올리면 고객에게 외면받을까 봐 두렵기 때문입니다. 이런 문제를 위해 외식업을 운영하는 분들이 위기극복을 위해 소상공인 협동조합을 만들었다고 가정해봅시다.

그럼 이 협동조합의 미션은 무엇이 되어야 할까요? 단순히 물가상승에 의한 원재료 가격 문제를 생각하면 공동구매를 통한 원가절감이 되겠지요. 그런데 해결되어야 할 또 다른 문제도 있을 것입니다. 그래서 다른 내용을 포함하여 "외식업 자영업자들의 지속경영을 위한 문제해결"을 미션으로 설정할 수 있을 것입니다. 원가절감을 위한 공동구매도 외식업 자영업자들의 지속경영 요건 중 하나입니다. 지속경영을 위해서는 원가절감 이외에도 기술, 자금 등 여러 가지가 필요하잖아요? 이런 것을 모두 포함하는 개념으로 변경한 것뿐입니다.

필요한 일이 생길 때마다 미션을 수정하기는 어렵습니다. 그래서 외식업 자영업자들이 공유하는 최종 목적이 오랫동안 사업을 유지하는 것이라는 것을 감안해서 위와 같은 미션을 설정하는 것이지요. 결국 포괄적으로 조합원들인 외식업 자영업자들이 오랫동안 사업을 운영할 수 있도록 혼자서는 해결할 수 없는 문제를 해결하고 권익을 보호하는 일을 협동조합이 존재하는 한 지속적으로 수행하겠다는 것입니다. 이제 조금 이해가 되셨나요?

설립목적과 미션이 정리되면 비전을 설정해야 합니다. 여러분 어렸을 때 부모님이 하시던 말씀 기억하실 겁니다. "너 이 담에 커서 뭐가 될래?" 여러분은 무엇이라고 대답하셨습니까? 대통령, 의사, 판사 등이라고 답변하셨나요? 바로 이 대답이 비전입니다. 여러분이 설립한 목적과 미션을 수행하면 도달할 위치입니다.

소상공인시장진흥공단은 "신뢰받고 행복 주는 소상공인전통시장의 평생파트너"라고 설정했네요. 한국사회적기업진흥원은 무엇이 되고 싶다고 표현하고 있을까요? "사회적경제 선순환 생태계 조성을 지원하는 통합전문지원기관"이라고 합니다. 그렇다면 여러분이 만든 협동조합은 어떤 협동조합이 되고 싶으세요? 여러분이 속한 소상공인 협동조합의 꿈은 무엇인가요? 예를 들어 외식업 자영업자들이 만든 외식업협동조합은 "외식업 자영업자들의 성공을 도와주는 동반자"라는 비전을 설정할 수 있을 겁니다.

이렇게 설립목적, 미션, 비전이 정리되면 이를 달성하기 위한 전략목표를 설정해야 합니다. 전략목표는 미션과 비전보다는 구체적으로 작성해야 합니다. 외식업협동조합의 예를 이어가보면 외식업 자영업자의 지속경영을 위한 문제해결과 권익보호를 위해서 구체적으로 무슨 일을 해야 할까요? 이 내용을 결정해야 하는 것입니다. 첫째로 원가절감, 둘째는 조리기술력 향상, 셋째로 고객응대능력 향상, 넷째로 지역사회 기여 등으로 정리할 수 있을 것입니다. 물론 이외에도 외식업 자영업자의 지속경영을 위해 다양한 목표가 있을 수 있습니다. 이는 조합원들이 해결해야 할 문제를 충분히 논의해서 도출해야 합니다.

전략목표가 설정되었다면 실천을 해야 합니다. 첫째, 원가절감을 위한 실천방법을 고민하다 보니 각각 원재료를 구입하기에 비싸게 살 수밖에 없다는 사실을 알게 됩니다. 그렇다면 공동구매라는 해결방법을 찾게 되겠지요. 공동구매를 하려면 무엇이 필요할까요? 외식업 자영업자들이 원재료를 보관할 공간이 부족하니 공동창고가 필요합니다. 또한 외식업 자영업자들이 필요할 때 배송해줄 사람과 차량이 필요할 것입니다. 그런데 협동조합 설립 초기에 모든 것을 감당할 여력이 부족하지 않습니까? 그때 소상공인 협업활성화 지원사업을 검토하여 필요한 항목을 지원받는다면 많은 도움이 되는 것입니다.

지금까지 설립목적, 미션, 비전, 전략목표를 설정하는 협동조합의 가치체계에 대해 설명했습니다. 다시 한 번 곰곰이 생각해보면 그리 어렵지 않을 것입니다. 그저 우리가 왜 모였고, 무슨 일을 할 것이며, 실천방법에는 어떤 것이 있는지 차근차근 정리하여 문서화하고 조합원들이 공유하면 됩니다. 지금까지 예를 들어 설명한 외식업협동조합의 가치체계를 정리하면 다음과 같습니다. 정답이 아니라 예시이니 참고하여 여러분 협동조합의 가치체계를 만들어보세요.

구분	외식업협동조합
설립목적	외식업 자영업자들의 성공과 권익 보호
미션	외식업 자영업자들의 지속경영을 위한 문제 해결
비전	외식업 자영업자들의 성공을 도와주는 동반자
전략목표	●원가절감 ●조리기술력 향상 ●고객응대능력 향상 ●지역사회 기여

외식업협동조합의 가치체계

목표에 따라 그 일을 할 사람을 정해야 합니다

자, 이제 우리는 협동조합이 '해야 할 일'을 정리하였습니다. 해야 할 일이 결정되었으니 이를 실행에 옮겨야 하겠죠. 실행에 옮기기 위해 우선 필요한 것이 무엇일까요? 해야 할 일에 따른 업무분장이 필요할 것입니다. 모든 일을 한 사람이 할 수 없으니 나누어서 해야 할 것입니다. 그럼 조합원이 하든지 직원을 뽑아야 합니다.

여기서부터 문제가 생깁니다. 조합원이 직접 일을 하려니 조합원들은 각각의 사업을 운영하고 있어 시간을 내기가 어렵고, 직원을 뽑아서 하려니 돈이 없습니다. 딜레마에 빠지게 되죠. 그러니 협동조합 이사장에게 모든 업무가 집중되는 경향이 생기게 됩니다. 협동조합 이사장 역시 자기 사업을 운영하는 입장에서 협동조합에 집중하기 어려워 악순환을 경험하게 됩니다.

그러나 생각해봅시다. 협동조합도 기업으로서 달성하고자 하는 목표를 실행하기 위해서는 당연히 그 일을 담당할 사람이 필요합니다. 설립이 되었다고 자동으로 실행이 이루어지는 것은 아니지 않나요?

따라서 협동조합 경영에 있어 가장 선행되어야 할 것이 누가 일할 것인가를 결정하는 것입니다. 소상공인 협동조합의 조합원은 대부분 소상공인으로서 사업을 운영하고 있습니다. 사업을 실행하려면 본인이 직접 일을 하거나 가족이 도와주거나 그래도 부족하면 직원을 뽑아 일을 하지 않습니까? 협동조합도 별반 다를 것이 없습니다. 그러나 제가 경험한 소상공인 협동조합은 이 부분에 대해 깊이 생각하지 않고 협동조합을 설립하는 경우가 많습니다. 그러니 협동조합이 설립되어도 경영이 제대로 이루어지지 않는 것입니다. 협동조합을 설립하기 전부터 조직구성, 인력문제, 조합원의 경영참여 등 협동조합을 경영하는 데 필요한 사안에 대해 논의를 해야 합니다.

자금 조달은 피를 돌게 하는 것과 같습니다

누가 일할 것인지가 결정되었다면 '돈' 문제가 해결되어야 합니다. 사람이 피가 잘 돌아야 생존하는 것처럼 기업도 마찬가지입니다. 기업 운영에서 피의 역할을 하는 것은 돈이 되겠지요. 협동조합의 자금 조달은 보통 조합원의 출자를 통해 조성됩니다.

앞서 협동조합의 설립목적에 따라 미션, 비전을 설정하고 해야 할 일을 결정하였다면 거기에 필요한 돈을 개략적으로 산출해야 합니다. 1차로는 조합원의 출자를 통해 조달하게 되지만 일반적으로 출자금으로는 협동조합이 설정한 목적을 달성하기 어렵습니다. 조합원 대부분이 열악한 환경에서 자기 사업을 운영하고 있어 충분한 자금을 조달하기가 쉽지 않기 때문입니다. 그럼 이 문제를 어떻게 극복해야 할까요?

이 문제 역시 여러분이 잘 알고 있을 겁니다. 이미 자영업을 운영하고 있으니까요. 자영업자로서 사업을 수행하기 위해 자금 조달을 어떻게 하고 계시나요? 우선 자기가 가지고 있는 돈을 투자하고, 부족하면 가족이나 지인에게서 조달하고, 그래도 부족하면 국가기관이나 은행에서 대출을 받아 조달합니다.

협동조합도 다를 것이 없습니다. 조합원들이 출자를 통해 일차적으로 자금을 마련하고, 부족하면 기존 조합원이 추가 출자를 하거나 조합원을 늘리게 됩니다. 이것으로 부족하면 국가기관이나 은행에서 대출을 통해 조달하게 됩니다. 그러나 이 모든 것이 쉽지만은 않다는 것은 경험을 통해 알고 계실 겁니다.

그럼 국가기관이나 지방자치단체, 은행 등을 활용한 자금 조달과 관련된 용어를 한번 살펴보겠습니다.

보조금, 대출, 지원금 등 여러 가지 용어를 접하셨을 텐데요, 보조금은 말 그대로 국가기관이나 지방자치단체에서 협동조합에게 지원하는 자금으로 갚지 않아도 되는 돈입니다. 대부분 공모사업을 통해 이루어지며, 일반적으로 자부담금이 있습니다. 소상공인 협동조합 지원사업도 공모를 통해 협동조합이 필요한 사업에 자금을 지원해주지만 상환의무가 없고, 지원기관이 정해놓은 자부담금만 매칭되면 지원받을 수 있습니다. 이러한 보조금은 사용 용도를 엄격하게 지정해 놓고 있어 협동조합이 자유롭게 활용하지 못한다는 것이 협동조합 입장에서는 답답한 점입니다.

또 다른 자금 조달로는 대출이 있습니다. 대출 형태는 크게 담보대출과 신용대출, 그리고 보증부대출로 나뉩니다. 담보대출은 경제적 가치를 지닌 자산을 담보 삼아 자금을 융통하는 방식입니다. 일반적으로 신용대출보다 한도가 크고 대출금리가 낮다는 특징이 있습니다. 반면 신용대출은 고객의 신용도를 기준으로 심사하는 대출방식으로, 고객의 경제적 처지, 직업, 거래사항 등을 고려하여 대출금액과 금리를 결정하게 됩니다. 담보대출이나 신용대출이 어려운 사업자는 보증부대출을 활용할 수 있습니다. 신규 소상공인 협동조합은 부동산담보도 없고 매출이 발생하지 않아 신용보증서를 발급받기도 어려우니 당연히 순수신용으로 자금을 조달하기에는 어려움이 많아보증부대출을 활용하는 경우가 많습니다. 보증부대출은 신용기관이 대출금액을 보증해주는 방식입니다. 대표적인 사례로 신용보증기금이 사업자의 보증서를 발급해주면, 그 보증을 기반으로 은행에서 대출을 신청할 수 있는 신용보증 정책자금이 있습니다.

신용보증기금에 대해 좀 더 알아볼까요? 신용보증기금은 1976년 설립된 중소기업전문 종합지원기관으로, 담보력이 상대적으로 취약한 중소기업에게 신용보증서를 제공하여 금융사로부터 대출을 받을 수 있도록 돕는 역할을 합니다. 중소기업이 보증상담을 신청하면 객관적인 자료를 토대로 경영상태, 자금상황, 경영진의 경영능력 등을 종합적으로 파악하여 일정 보증료를 받고 신용보증서를 발급하는 것이죠. 그렇다고 해서 신용등급이 좋은 기업에게만 신용보증서를 발급하는 것은 아닙니다. 기업의 미래성장성과 사회에 미치는 파급력 등을 고려하여 지속가능성이 높다고 판단되면, 현재의 신용등급이 낮더라도 지원이 가능합니다.

그렇기에 2012년부터 사회적기업, 협동조합, 마을기업, 자활기업 등 기업 이윤보다 공익적 가치를 우선시하는 기업을 대상으로 하는 사회적경제기업 보증 프로그램을 시행해오고 있습니다. 이중 협동조합을 대상으로 하는 '협동조합 희망보증' 프로그램은 2013년에 처음 선보인 이후 지금까지 꾸준히 운영되고 있습니다.

그런데 여러분, 신용보증기금과 신용보증재단이 혼동되지 않으신가요? 신용보증기금은 국가기관으로 전국을 대상으로 기업을 도와주는 기관입니다. 반면 신용보증재단은 지역신용보증재단법에 의해 지방자치단체, 정부 그리고 금융기관 및 연고기업 등이 출연하여 설립된 신용보증전문 공적 금융기관입니다. 담보력은 미약하나 성장잠재력이 있고 신용상태가 양호한 소기업·소상공인에 대한 채무를 보증하는 업무를 하고 있습니다. 신용보증기금이 전국을 대상으로 지원업무를 한다면 신용보증재단은 지방자치단체별로 지원업무를 수행합니다. 또한 신용보증기금은 외식업에 대한 보증업무를 하지 않지만 신용보증재단은 모든 소상공인에게 보증업무를 지원하고 있습니다.

협동조합 희망보증은 '협동조합기본법'에 의해 설립된 협동조합이라면 별다른 제약 없이 시설자금과 운전자금을 최대 3억 원 보증해주는 프로그램입니다. 재무 상황이 비교적 취약한 협동조합의 상황을 고려해 보증료를 법정 최저인 연 0.5%로 정하고 있습니다. 이제 막 설립된 협동조합이나 매출이 없는 협동조합도 신청할 수 있고 이 경우에는 최대 5천만 원까지 지원이 가능합니다. 또 최근에는 협동조합 희망보증 신청 시 연대보증인을 세우지 않아도 되도록 하고 있습니다. 따라서 소상공인 협동조합도 이를 활용해보기를 추천합니다.

사업기간이 길고 주거래은행과 장기간 거래해온 사업자는

은행에서도 무리 없이 대출을 받을 수 있을 것입니다. 하지만 그렇지 못한 경우 금융기관 대출 외에 정책자금 대출을 활용할 수도 있습니다.

정책자금 대출은 중소기업, 소상공인의 성장과 안정적 사업을 지원하기 위한 목적으로 집행되기 때문에 통상적으로 기존 금융기관보다 금리, 한도 등의 조건이 좋은 편입니다. 특히 기존 금융기관에서 소외되기 쉬운 영세 사업자도 대출 대상이 되므로 시간적 여유가 있다면 정책자금 대출을 알아보는 것이 좋습니다. 그런데 정책자금 대출 모집요강을 보면 직접대출 또는 대리대출이라는 단어를 종종 찾아볼 수 있습니다. 어떤 뜻일까요?

직접대출은 대출을 신청한 기관에서 바로 대출금 계약 및 실행까지 진행하는 경우를 뜻합니다. 예를 들어, 중소기업진흥공단에서 융자대상을 결정하여 대출실행까지 해주었다면 이는 직접대출 방식입니다. 대리대출은 신청한 기관에서 확인서만 제공하고 보증 및 대출업무를 타기관에서 대행하는 방식입니다. 가령, 소상공인시장진흥공단에서 대출을 신청한 후 신용보증재단에서 보증을 받고 은행에서 대출을 실행했다면, 이는 대표적인 대리대출이라고 볼 수 있습니다.

즉, 직접대출은 담보가 없어도 됩니다. 그러나 대리대출은 담보를 요구하는 것입니다. 담보는 협동조합에서 직접 제시하거나, 제시할 담보가 없으면 신용보증기관에서 신용보증서를 발급받아 금융기관에 방문하여 대출을 받게 됩니다. 신용보증서란 여러분이 알고 있는 빚보증이란 개념과 동일한 것입니다. 만약 협동조합에서 빚을 갚지 못하면 신용보증서를 발급해준 신용보증기관이 대신해서 갚아야 합니다. 그러니 절차가 쉽지만은 않은 것입니다.

협동조합 자금지원 정책에 관해서는 인터넷에서 협동조합(https://www.coop.go.kr)을 검색하셔서 접속하시면 공지사항을 통하여 〈협동조합 정책활용 길라잡이〉를 배포하고 있으니 참고하시면 많은 도움이 되실 겁니다.

팔아야 돈이 되죠, 마케팅 전략을 잘 세워야 합니다

자금 조달이 이루어지면 제품과 서비스를 생산하기 위한 구체적인 계획을 수립하고 동시에 생산될 제품과 서비스를 어떻게 팔 것인지 고민해야겠죠. 소상공인 협동조합에서 가장 어려움을 겪고 있는 것이 바로 이 부분이 아닐까 합니다.

여러분도 마케팅에 대해서는 수없이 들어보셨을 겁니다. 여기서는 실무 차원에서 고려해야 할 점 세 가지만 이야기해볼까 합니다.

첫째로 우리가 만들고자 하는 제품과 서비스가 고객이 원하는 제품과 서비스인가에 대한 것입니다. 그렇지 않고 혹시 우리가 원하는 제품과 서비스는 아닌지, 또는 우리가 만들 수 있는 제품과 서비스를 만들고 있는 것은 아닌지 점검해보아야 합니다. 마케팅 전문가들이 늘 하는 말이 있습니다. 팔리지 않는 제품을 만들기에 팔리지 않는다는 것입니다. 고객이 원하는 것을 정확히 분석하여 고객이 원하는 제품과 서비스를 만드는 것이 가장 중요합니다.

둘째로 누구에게 팔 것인가의 문제입니다. 누가 우리의 제품과 서비스를 가장 필요로 할까요? 즉 고객을 찾아내는 것이 중요합니다. 고객을 찾기 위해서는 시장을 어떤 기준으로 나누느냐가 중요합니다. 일반적으로 나이, 지역, 성별 등으로 구분하는 경우가 많습니다. 그래서 기업의 고객이 누구냐고 물어보면 20대 여성, 30대 남성 등으로 답변하곤 합니다. 그런데 여기에 구매상황을 추가하면 좋습니다. 소비자들은 내가 직접 소비할 때와 누군가에게 선물할 때는 다른 선택을 하지 않나요? 연령에 따라 다르겠지만 내가 소비할 때보다는 선물할 때 비싼 것을 구매하는 경우가 많습니다.

그럼 협동조합에서 만든 제품은 어느 상황에서 주로 판매가 이루어지고 있는지 고려해보아야 합니다. 즉 구매상황에 따라 제품의 품질수준, 가격, 장소, 프로모션 방법 등이 달라질 수밖에 없습니다. 또 다른 변수로는 라이프스타일이 있습니다. 예전에는 많은 사람들이 비슷한 삶을 살았지만 지금은 라이프스타일이 다양합니다. 라이프스타일에 따라 고객이 요구하는 것도 달라집니다. 이러한 부분을 고려하여 마케팅 전략을 수립해야 합니다. 이와 관련해서는 3장의 사업계획서 작성 부분에 자세히 나와 있으니 참고하세요.

셋째로 마케팅을 효과적으로 수행하기 위한 자원의 확보입니다. 협동조합이 수립한 마케팅 전략을 실행하기 위해서는 많은 자원이 필요합니다. 그러나 협동조합뿐만 아니라 모든 기업은 항상 자원이 부족합니다. 이 대목에서는 생각의 전환이 필요합니다. 우리가 잊고 있던 지역자원을 떠올려보세요. 지역에 존재하고 있지만 활용되지 않고 있는 자원을 적극적으로 발굴하여 활용할 필요가 있습니다. 지역자원이라고 해서 어렵게 생각할 필요는 없습니다. 지역만이 갖고 있는 스토리, 천연자원, 인적자원 등 모든 것이 해당됩니다. 찾아보면 우리가 활용할 수 있는 자원들이 많습니다. 결국 마케팅의 성패는 차별화된 지역자원을 발굴하는 것이 될 수도 있습니다.

예를 들면 국가기관이나 지방자치단체에서는 주요 시책, 행사, 축제, 관광 등의 온라인 홍보를 위해서 SNS 서포터즈를 운영하는 곳이 많습니다. 국가기관이나 지방자치단체에서 만든 자원을 협동조합 홍보를 위해 적절히 활용하는 방법을 연구해보세요. 어설픈 유로 마케팅보다 효과가 뛰어날 것입니다. 비용도 절감되고요.

마지막으로 최신 마케팅 기법의 활용입니다. 마케팅을 위한 기법이 많이 있는데, 최신 마케팅 기법에는 인플루언서마케팅, 라이브커머스, 경험마케팅 등이 있습니다.

우리나라뿐만 아니라 전 세계가 당면한 현실은 급격한 마케팅 환경의 변화입니다. 여러분도 체감하겠지만 스마트폰의 보급으로 소비자의 구매방법이 변하고 있습니다. 이러한 모바일 환경에 적합한 마케팅 시스템을 구축하지 못한다면 좋은 제품을 가지고 있어도 판매하기 어렵습니다. 국가기관이나 지방자치단체도 이러한 점을 인식하고 많은 지원 정책을 내놓고 있습니다. 협동조합에 적합한 지원제도를 찾아 장기적인 측면에서 대응하는 것이 필요합니다.

머리 아프더라도 회계의 기본원리를 이해해야 합니다

회계라는 말만 들어도 보통사람들은 머리가 아플 것입니다. 우리가 회계에 가지고 있는 생각은 어렵다는 것이죠. 그리고 세무사나 공인회계사가 하는 일이라고 생각합니다.

우선 회계에 대한 정의를 한번 살펴볼까요? 일반적으로 회계(Accounting)란 기업의 경영활동에서 발생하는 재무적 정보를 식별, 측정하여 정보 이용자들(이해관계자들)이 경제적인 의사결정을 할 수 있도록 전달하는 일련의 과정(시스템)을 말합니다. 무슨 말인지 잘 모르겠죠? 일반적으로 학술적 정의에는 단어 하나하나에 개념이 있어 전공자가 아니라면 이해하기가 쉽지 않습니다. 그래서 보통 외부 전문가인 세무사나 공인회계사에게 맡겨버립니다. 그러다 보니 많은 문제점을 생겨납니다. 회계는 바로 경영의 기록이기 때문입니다. 협동조합에서 실천에 옮긴 내용을 기록하는 것이 회계인데 경영활동의 주체들이 이것을 제대로 알지 못하니 협동조합 사업이 제대로 이루어지고 있는지 검증하기가 어렵습니다.

협동조합과 관련한 회계기준은 협동조합기본법에 특별히 명시되어 있지는 않습니다. 따라서 우리가 알고 있는 주식회사 등 일반기업 회계기준을 따라야 합니다. 즉 소상공인 협동조합이라고 해서 별다른 기준이나 방법이 있는 것이 아니라 보통 회사들이랑 다를 바가 없다는 것입니다.

그럼 회계기준은 누가 정할까요? 바로 한국회계기준원입니다. 한국회계기준원은 기업의 재무보고를 위한 회계처리기준의 제정을 목적으로 1999년 9월 설립된 독립 민간기구입니다. 2000년 7월부터 주식회사의 외부감사에 관한 법률에 의거하여 우리나라 회계처리기준의 제정, 개정, 해석, 질의 회신 및 이와 관련된 제반 업무를 수행해왔으며, 2007년 말에 현재 사용 중인 한국채택국제회계기준(K-IFRS)을 제정·공표하였습니다. 회계에 대해 좀 더 알고 싶은 분들은 한국회계기준원(http://www.kasb.or.kr/) 홈페이지에 방문하면 많은 정보를 얻을 수 있습니다.

우리가 회계를 전문가들처럼 하기는 현실적으로 매우 어렵습니다. 그러나 협동조합의 경영활동이 지속가능하려면 회계를 외면해서는 안 됩니다. 그럼 회계와 관련해서 기본적으로 알아야 할 사항 몇 가지를 살펴보겠습니다.

먼저 기업의 회계실무자 입장에서 가장 중요한 회계처리는 비용처리입니다. 협동조합은 법인이기 때문에 회사 돈을 자기 주머닛돈으로 사용하는 것을 엄격히 규제하고 있습니다. 법인의 경우 아무리 대표자가 회사의 실질적인 주인과 같다고 해도 개인과 법인은 엄연히 별개로 보기 때문에 회사 경비는 업무와 관련성 여부로 비용 인정이 됩니다. 이러한 원칙은 법인의 경우 다수의 이해관계자들이 손실을 입는 것을 제도적으로 막기 위한 것으로, 회계기준에 의거하여 비용처리를 하도록 요구하고 있습니다.

그럼 '비용'의 의미를 알아볼까요? 비용이란 수익을 얻기 위하여 기업이 소비한 재화 또는 용역으로서 소멸된 원가를 말합니다. 사용해 없어지는 소모품, 인건비 등을 모두 비용이라고 할 수 있습니다. 이렇게 돈을 썼다면 적격 증빙서류를 남겨야 합니다. 일반적으로 적격 증빙서류라고 하면 세금계산서(부가가치세법 제16조), 계산서(법인세법 제121조 및 소득세법 제163조), 신용카드매출전표 등(여신전문금융업법), 지출증빙용 현금영수증, 세금계산서를 대용하는 지로영수증, 청구서 등이 있습니다.

여기서 잊지 말아야 할 것은 소상공인 협동조합은 영리법인으로 이 경우 전자세금계산서를 의무적으로 발급하여야 한다는 것입니다. 협동조합은 법인이므로 전자세금계산서를 발급하셔야 합니다. 세금계산서를 받을 때도 거래 상대방이 법인이라면 전자세금계산서를 받아야 합니다. 그리고 2022년 7월부터 전자적 방법으로 세금계산서를 발급해야 하는 사업장이 늘어납니다. 기존에는 면세를 포함해 직전 연도 공급가액 합계가 3억 원 이상인 사업장이 전자세금계산서 의무발급 대상이었는데 기준 금액이 2억 원으로 내려가게 되었습니다. 거래하실 때 이 점을 반드시 점검하여야 합니다.

결국 실무적으로 중요한 것은 가급적 지출이 필요할 때는 현금으로 지출하지 말고 법인카드를 사용하라는 것입니다. 법인카드를 사용하면 설령 증빙서류를 잃어버리더라도 전산으로 확인이 가능하기 때문입니다.

다음으로 유의할 점은 비용으로 인정되는 것들을 정확히 파악하여 장부에 기재하는 것입니다. 기업 입장에서 가장 큰 비용은 인건비입니다. 정규직 인건비 처리에는 큰 문제가 없지만 비정규직 인건비 처리에 신경을 써야 합니다. 예를 들면 일용직 인건비 처리를 제대로 하지 않아 비용처리가 되지 않는 경우가 많습니다. 외국인 근로자 인건비 부분도 그렇고요. 반드시 전문가의 도움을 받아 적법한 회계처리를 해야 문제가 생기지 않습니다.

비용의 인정은 세금 납부와도 밀접한 연관이 있습니다. 기업에서 비용을 지출하였는데 회계처리를 제대로 하지 못하면 이익이 늘어나겠지요. 이익이 늘어나면 납부해야 할 세금도 늘어나게 됩니다. 그래서 회계처리에 있어서 비용처리는 정말 중요합니다.

세금은 제때 내야죠, 협동조합 세무 체크

세무업무도 회계업무와 마찬가지로 소상공인 협동조합 입장에서는 매우 어렵습니다. 회계에서도 설명했다시피 거래관계에서 발생하는 적격 증빙서류만 정확하게 주고받으면 전문가의 도움으로 처리가 가능하다고 이야기했습니다. 그렇지만 일반적인 내용은 알고 있어야 체계적으로 준비할 수 있을 것입니다.

세금은 크게 부가가치세와 법인세로 나눠서 이해하시면 됩니다. 세금에 대해 본격적으로 설명하기 전에 한 가지 짚고 넘어갈 점이 있습니다. 협동조합은 법인에 해당됩니다. 법인은 간이사업자가 될 수 없기에 일반사업자라는 사실을 유념하시기 바랍니다.

먼저 부가가치세입니다. 부가가치세는 재화나 용역이 생산되거나 유통되는 모든 거래 단계에서 생기는 부가가치를 과세대상으로 하여 과세하는 간접세입니다. 부가가치세는 '매출세액(매출액×10% − 매입세액'으로 계산됩니다. 부가가치세는 물건 값에 포함되기 때문에 최종 소비자가 부담하는 것이지 사업자가 부담하는 것은 아닙니다. 상품을 판매하거나 서비스를 제공할 때 거래금액에 일정 금액의 부가가치세를 산입, 징수하여 납부하는 것입니다. 다음 예시를 보면 좀 더 쉽게 이해할 수 있을 겁니다.

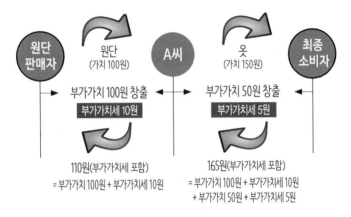

부가가치세

다만 다음의 경우에는 부가가치세 매입세액을 공제받을 수 없습니다.

- 세금계산서를 발급받지 않거나, 필요적 기재사항이 누락 또는 는 사실과 다르게 기재된 경우
- 매입처별 세금계산서 합계표를 제출하지 않거나 부실 기재한 경우
- 사업과 직접 관련이 없는 매입세액
- 개별소비세 과세 대상 승용자동차의 구입과 임차 및 유지에 관련된 매입세액
- 접대비 지출 관련 매입세액
- 면세사업 관련 매입세액 및 토지 관련 매입액
- 사업자등록 전 매입세액

이때 부가가치세와 관련하여 세금계산서를 철저히 받아두어야 합니다. 재화나 용역의 매입 시 세금계산서를 발급받아야 부가가치세 매입세액을 공제받을 수 있습니다. 세금계산서를 정확히 주고받기 위해서는 거래 상대방의 사업자등록 상태(휴·폐업자인지 여부), 과세유형(일반과세자인지 여부)과 아래의 필요적 기재사항이 정확하게 기재되었는지 확인하여야 합니다.

- 공급자의 등록번호, 성명 또는 명칭
- 공급받는 자의 등록번호
- 공급가액과 부가가치세액
- 작성 연월일

사업을 하다 보면 평소 거래하지 않던 사람에게서 시세보다 싸게 물품을 팔 테니 사겠느냐는 제의를 받고 이를 구입하는 경우가 있습니다. 이런 경우 거래 상대방이 정상 사업자인지, 세금계산서는 정당한 세금계산서인지 여부를 우선 확인해야 합니다. 거래 상대방이 폐업자이거나, 세금계산서가 실제 물품을 판매하는 사업자가 아닌 다른 사업자 명의로 발행될 때에는 실제로 거래를 하였다고 하더라도 매입세액을 공제받을 수 없기 때문입니다. 이는 홈택스에 접속해서 '조회/발급 〉 사업자상태 〉 사업자등록번호'로 조회가 가능합니다.

그럼 부가가치세는 언제 내야 할까요? 협동조합은 일반과

사업자	과세기간	확정신고 대상	확정신고 납부기한
일반과세자	제1기 1.1~6.30	1.1~6.30까지 사업실적	7.1~7.25
	제2기 7.1~12.31	7.1~12.31까지 사업실적	다음해 1.1~1.25
간이사업자	1.1~12.31	1.1~12.31까지 사업실적	다음해 1.1~1.25
	1.1~6.30 (직전연도 4,800만 원 이상이며, 세금계산서 발급)	1.1~6.30까지 사업실적	7.1~7.25

부가가치세 신고

세자로 신고를 하면 되며 1년에 2번 확정신고의무가 있습니다. 일반과세자는 4월과 10월에 세무서장이 직전 과세기간의 납부세액을 기준으로 1/2에 해당하는 세액을 예정고지하니 고지된 금액을 납부하면 됩니다.

실무적으로 팁을 하나 말씀드리자면 부가가치세를 한 번에 내려면 부담이 되는 경우가 많습니다. 따라서 주거래 통장에 부가세 10%가 그대로 있으면 자금이 부족한 협동조합 입장에서는 쓸 수밖에 없습니다. 그래서 부가세를 보관할 통장을 만들어 분리할 필요가 있습니다. 원래 부가세는 국가의 돈인데 사업자가 잠시 보관하고 있는 돈이거든요. 이게 법인통장에 있다 보니 쓰게 되는 것입니다. 법인 돈이 아니니 별도의 통장에서 관리하면 부가세납부 시 부담이 없겠지요. 법인이든 개인사업자든 실무에 꼭 적용해보세요.

다음으로 법인세입니다. 법인세는 법인의 소득금액 등에

과세표준대로 부과되는 세금입니다. 소상공인 개인사업자를 하면서는 내지 않았던 세금입니다. 개인사업자들은 5월에 종합소득세를 납부합니다. 본점, 주사무소 또는 사업의 실질적 관리장소가 국내에 있는 법인(내국법인)은 법인세 납세의무가 있습니다. 다만 사회적협동조합은 비영리법인으로 수익사업에서 생긴 소득에 대해서만 법인세 납세의무가 있습니다.

법인세는 매출을 기준으로 하는 것이 아닙니다. 법인이 1

소득종류 법인종류	각 사업연도 소득		
	과세표준	세율	누진공제
영리법인	2억 이하	10%	-
	2억 초과 200억 이하	20%	2,000만 원
	200억 초과 3,000억 이하	22%	42,000만 원
	3,000억 초과	25%	942,000만 원
비영리법인	2억 이하	10%	-
	2억 초과 200억 이하	20%	2,000만 원
	200억 초과 3,000억 이하	22%	42,000만 원
	3,000억 초과	25%	942,000만 원

출처: 국세청,https://www.nts.go.kr

법인세 과세표준

년 동안 얻게 된 소득을 기준으로 납부하게 됩니다. 부가가치세는 매출액이 기준이 됩니다.

여러분이 알고 있어야 할 것은 바로 법인세 세율입니다. 법인세는 법인종류와 소득종류에 따라 달라집니다.

여기서 알아야 할 것은 면세라는 건 부가가치세에만 적용되는 것이라는 점입니다. 영리든 비영리든 소득이 있다면 법인세를 내야 합니다. 기준도 영리법인과 비영리법인이 동일합니다. 우리가 만드는 소상공인 협동조합은 영리법인에 해당합니다.

법인세는 누진세에 해당합니다. 누진세란 소득금액이 커질수록 높은 세율을 적용하도록 정한 세금을 말합니다. 협동조합의 소득이 많아지면 많아질수록 낼 세금이 늘어난다는 것입니다. 그것은 법인세뿐만 아니라 개인 종합소득세도 마찬가지입니다. 그러나 개인사업자의 경우 세율이 높습니다. 즉 세금이 늘어납니다. 그래서 소득이 많은 개인사업자들이 법인사업자 전환을 하게 되면 절세 효과가 있다고 하는 것입니다.

예를 들어 법인은 소득금액이 2억 원 이하면 세율이 10%인 반면, 개인사업자가 소득이 2억 원 이하면 38%입니다. 개인사업자는 자그마치 3.8배의 세금을 더 납부해야 합니다. 그래서 개인사업자들은 예상되는 소득에 따라 법인전환 시점을 고민해야 할 것입니다. 다음 표에 종합소득세율을 정리했으니 참고하시기 바랍니다.

과세표준	세율	누진공제
12,000,000원 이하	6%	
12,000,000원 초과 46,000,000원 이하	15%	1,080,000원
46,000,000원 초과 88,000,000원 이하	24%	5,220,000원
88,000,000원 초과 150,000,000원 이하	35%	14,900,000원
150,000,000원 초과 300,000,000원 이하	38%	19,400,000원
300,000,000원 초과 500,000,000원 이하	40%	25,400,000원
500,000,000원 초과 1,000,000,000원 이하	42%	35,400,000원
1,000,000,000원 초과	45%	65,400,000원

출처: 국세청.https://www.nts.go.kr

종합소득세율(2021년 귀속)

절세 팁을 익힙시다

절세라는 것은 합법적으로 세금을 줄이는 것입니다. 불법으로 줄이는 것은 탈세라고 하여 강력한 법적 제재를 받게 됩니다. 여기서 방대한 세법을 모두 분석하여 절세를 설명하기는 어렵습니다. 그러나 실무에서 놓치기 쉬운 절세방법 몇 가지를 설명하고자 합니다.

절세방법은 사업을 운영함에 있어 세법에서 인정하는 비용을 철저히 챙기는 것부터 시작됩니다. 비용에는 많은 종류가 있습니다. 실무적으로 소상공인들이 많이 놓치는 것이 경조사비입니다. 사업을 운영하다 보면 거래처의 경조사에 다닐 수밖에 없습니다. 그럼 경조사비가 발생하겠죠. 이 경조사비는 세법상 접대비에 해당합니다. 건당 20만 원까지 인정받을 수 있습니다. 증빙서류는 청첩장 또는 부고장을 받으시면 됩니다. 요새는 종이로 된 청첩장이나 부고장보다는 문자 또는 디지털 파일로 받는 경우가 많습니다. 이 역시 인정됩니다.

다른 예를 들어볼까요? 협동조합은 조합원 교육을 정관 필수사항으로 정하고 있습니다. 관련하여 교육을 시행하려면 차비, 식대 등이 발생합니다. 또한 공공기관에서 요청하는 행사에 참여해도 차비, 주유비 등이 발생하겠지요. 이 모든 것이 다 비용에 해당합니다. 그런데 소상공인 협동조합들은 사업상 발생한 비용을 장부에 제대로 기록하지 않아 과세표준이 되는 소득이 증가하는 것입니다. 절세를 하려면 사업상 발생하는 모든 비용을 적격증빙을 통해 인정받는 것이 중요합니다.

즉 계정과목이 무엇이든, 비용으로 인정받는 것인지 아닌지 본인이 판단하지 말고 사업상 지출된 돈이라면 영수증, 세금계산서, 카드전표, 청첩장 또는 부고장 등 증빙을 모두 챙기셔서 세무사사무실에 제출하시면 세법에 따라 정리해줄 겁니다. 그러나 본인들이 지금 지출하는 돈이 세법상 비용이 되는지 몰라서 증빙을 제출하지 않으면 그만큼 실제 사용한 비용보다 적게 산정되므로 부담해야 할 세금은 증가하게 됩니다.

또 하나의 절세 팁은 관련 법령에 따른 법인세 공제 및 감면사항을 활용하는 것입니다. 협동조합기본법에 의해 설립된

구분	지원내용
창업중소기업에 대한 세액감면	· 창업중소기업 등의 최초 소득발생 과세연도 및 이후 4년 간 50%(75%, 100%) 세액감면(§6)
중소기업특별세액감면	· 제조업 등 소득에 대해 5~30%를 세액감면(§7)
설비투자지원	· 사업용자산 등 투자금액의 3% 세액공제(구(舊)조특법§5) · 기술이전 및 기술취득 등에 대한 과세특례(§12)
상생결제 지급금액 세액 공제	· 중소·중견기업이 상생결제제도를 통해 중소·중견기업에 구매대금을 지급한 경우 구매대금의 0.1%, 0.2% 세액공제 (§7의4)
정규직 근로자로의 전환에 따른 세액	· 중소·중견기업이 2020.6.30. 현재 비정규직 근로자를 2021.1.1.~12.31까지 정규직 전환시킨 경우 전환인원 1인 당 중소 1,000만 원, 중견 700만 원 세액공제(§30의2)
고용유지 중소기업에 대한 세액공제	· 연간 임금감소 총액 × 10% + 시간당 임금상승에 따른 임 금 보전액 × 15%를 세액공제(§30의3)
사회보험료 세액공제	· 고용증가인원의 사회보험료 상당액의 50%(75%, 100%) 세 액공제(§30의4)
지방이전 지원	· 수도권과밀억제권역 안 본사·공장 지방이전 시 최초 소득 발생 과세연도와 6년(4년)간 100%, 이후 3년(2년)간 50% 감면(§63) · 2년 이상 영위한 공장을 수도권과밀억제권역 밖으로 이전 시 또는 산업단지 내에서 3년 이상 영위한 공장을 이전·양 도차익 5년 거치 5년간 분할 익금산입(§85의8)
최저한세 적용한도 우대	· 최저한세율을 일반법인에 비해 3~10% 우대

중소기업의 세금 혜택

협동조합이라면 중소기업기본법 제2조(중소기업자의 범위) 제3항
에 의해 중소기업자에 해당합니다. 중소기업은 조세특례제한
법에 따라 위 표와 같은 혜택이 주어집니다.

이러한 내용을 모두 알고 직접 처리하기는 어려울 것입니다. 그러나 협동조합이 중소기업에 해당되고 설립하신 협동조합이 위와 같은 지원을 받을 수 있다는 것을 알고 세무사에게 우리 협동조합에 해당되는 것이 무엇이 있는지 확인할 필요가 있습니다. 모든 지원제도는 적합한 시기를 놓치면 지원혜택을 받기가 어렵습니다. 세금은 자진 신고가 원칙입니다. 따라서 아는 만큼 절세가 가능합니다. 항상 변경되는 세금정책에 관심을 가지고 관리하는 세무사와 상담을 해서 절세방법을 찾으려는 자세가 중요합니다.

절세에는 왕도가 따로 없습니다. 세법 및 관련 법령에서 지원하는 내용을 살펴보고 전문가의 도움을 받아 직접 챙겨야 합니다. 아는 만큼 절세할 수 있습니다.

2
협동조합
노무

노무에 대한 지식이 없으면
형사처벌을 받는 경우도 생깁니다

소상공인들은 세금에 대해서는 대개 어느 정도 알고 있고 잘 모르는 것은 세무사를 통해 해결합니다. 그러나 노무 분야는 아직도 낯설고 힘든 부분으로, 어떻게 대응해야 하는지 잘 모르는 것이 현실입니다. 열악한 환경에서 직원을 채용하고 월급을 주었지만 어느 날 갑자기 노동부에서 출두 요청이 올 수도 있습니다. 퇴직한 직원이 노동법을 준수하지 않았다고 신고하여 날벼락을 맞는 것입니다.

노동법은 철저히 근로자를 위한 법으로, 소상공인들이 불리할 수밖에 없습니다. 따라서 소상공인 협동조합도 근로기준법에 대해 확실히 알아두어야 합니다.

소상공인 협동조합은 직원이 5인 미만인 경우가 많으므로 5인 미만 사업장이 지켜야 할 근로기준법에 대해 미리 알아두는 것이 필요합니다. 근로기준법은 강행규정으로서 이를 어기면 형사처벌이 되므로 본의 아니게 전과자가 될 수도 있음을 주의해야 할 것입니다.

5인 미만 사업장이 지켜야 할 근로기준법

5인 미만 사업장이 지켜야 할 근로기준법의 내용은 다음 표와 같습니다. 근로조건의 명시, 해고의 예고, 휴게, 주휴일, 출산휴가, 육아휴직, 퇴직급여, 최저임금의 효력 등은 지키셔야 합니다.

예를 들면 협동조합 경영이 힘들어진 이사장이 총 4명의 직원 중 1명에게 익일 자로 일방적으로 해고를 통보했다고 해봅시다. 그럴 경우 직원은 노동청을 찾아 최저임금 준수, 근로계약서 미작성, 주휴수당 청구, 해고예고수당, 퇴직급여에 대한 진정을 제기할 수 있습니다. 협동조합에서는 이에 대한 증빙을 준비해야 합니다.

항목	적용여부	관련법 조항
근로조건의 명시	○	근로기준법 제17조, 기간제 및 단시간근로자보호에관한법 제17조
해고의 예고	○	근로기준법 제26조
휴게	○	근로기준법 제54조
주휴일	○	근로기준법 제55조
출산휴가	○	근로기준법 제74조
육아휴직	○	남녀고용등과일가정양립지원에관한법률 제19조
퇴직급여	○	근로자퇴직급여보장법 제4조
최저임금의 효력	○	최저임금법 제6조
부당해고 및 부당해고 구제신청	×	근로기준법 제23조 제1항, 제28조
근로시간	×	근로기준법 제50조
주12시간 연장한도	×	근로기준법 제53조
연장 휴일 야간 가산수당 적용	×	근로기준법 제56조 제1,2항
연차휴가	×	근로기준법 제60조 제3항

5인 미만 사업장이 지켜야 할 근로기준법

노사관계의 첫걸음, 근로계약

노사관계의 첫걸음은 근로계약입니다. 근로기준법 제17조에 의하면 근로계약의 체결 및 변경 시에는 근로기준법에서 정한 근로조건을 명시하고 반드시 서면으로 작성하여 근로자에게 교부하여야 한다고 규정하고 있습니다.

근로계약서 기재사항은 다음과 같습니다.

1. 근무장소 및 업무내용
2. 임금 구성항목(급여, 상여금, 수당 등)
3. 임금 계산방법
4. 임금 지급방법
5. 소정근로시간
6. 휴일
7. 연차유급휴가
8. 업무의 시작과 종료시간, 휴게시간

이를 위반할 경우 벌금 최대 5백만 원이며 연차 유급휴가는 상시근로자 5인 이상 적용하고 있습니다. 협동조합에서 모두 정규직 근로자만 있는 것은 아니겠지요. 기간제 및 단시간 근로자의 경우에는 기간제 및 단시간 근로자 보호 등에 관한 법률 제17조에 따르면 사용자는 기간제 근로자 또는 단시간 근로자와 근로계약을 체결하는 때에는 근로계약기간, 임금의 구성항목·계산방법·지급방법, 휴게시간, 휴일, 휴가, 근무 장소, 업무내용의 모든 사항을 서면으로 명시하여 근로자에게 교부하여야 합니다.

그런데 막상 근로계약서를 작성하려면 어렵겠지요. 노동부 홈페이지에 표준근로계약서 양식과 작성방법(https://www.moel.

go.kr/mainpop2.do)을 제공하고 있으니 참고하시면 좋습니다. 그러나 주의해야 할 것은 표준근로계약서는 정부에서 작성한 것으로, 근로기준법의 취지가 근로자 보호에 목적을 두고 있으니 사용자를 대변하지 않는다는 것을 검토해야 합니다. 즉 근로자 입장에서 근로자를 보호하려는 목적으로 작성된 것입니다. 협동조합의 업종에 따라 표준근로계약서를 변경해야 할 필요가 있습니다. 표준근로계약서를 변경하는 경우에 근로기준법에 위배되지 않는지 노동청이나 관련 전문가인 노무사의 도움을 받는 것도 때로는 필요합니다.

실무적으로 보면 채용과 동시에 근로계약서를 작성하지 않는 경우가 많습니다. 그러나 판례에 따르면 근로자 아무개는 입사 2일 만에 사업주와의 갈등으로 퇴사한 이후에 근로계약서 미작성으로 노동청에 신고하였고, 사업주는 근로자에게 관련 서류를 받은 뒤에 근로계약서를 작성하려 했다며 억울함을 호소하였지만 법 위반으로 확인되어 형사처벌을 받은 사례가 있습니다. 직원을 채용하면 반드시 근무 첫날 전에 근로계약서를 작성하는 것이 필요합니다. 근로계약서 작성에서 중요한 것은 근로기준법에서 정한 근로조건을 명시하고, 반드시 서면으로 작성하여 근로자에게 교부해야 한다는 점입니다.

근로계약에 대한 서류는 근로기준법 제42조에 의거하여 3년간 보존해야 합니다. 관련 서류로는 근로자 명부, 근로계약서, 임금대장, 고용·해고·퇴직에 관한 서류, 승급·감급에 관한 서류, 휴가에 관한 서류 등이 있습니다. 이 서류들은 근로자와의 분쟁 발생 시 노동부에서 사용자에게 요구하는 서류로서 없으면 과태료 등의 처분을 받을 뿐만 아니라 불이익을 받을 수밖에 없으니 반드시 작성하여 보관하시기 바랍니다.

협동조합 업무 특성에 맞는 근무시간 설계

다음은 최근 근로자들이 중시하고 있는 근로시간입니다. 근로시간은 사용자의 지휘 감독하에 있는 시간으로서 법정근로시간은 1일 8시간, 1주간 40시간을 넘으면 안 됩니다. 법정근로시간을 초과하여 근로하는 경우 50% 가산수당을 지급해야 합니다. 다음과 같은 사례들도 근로시간으로 인정되니 참고하시기 바랍니다.

대기시간	사용자의 지휘감독하에 있는 대기시간은 근로시간
교육시간	근로자에게 의무적으로 실시하는 각종 교육시간은 근로시간
워크숍/세미나	사용자의 지휘감독하에 업무수행의 목적인 경우 근로시간
접대	사용자의 지시 또는 최소한의 승인하에 업무수행과 관련이 있는 제3자를 접대하는 경우 근로시간
회식	노무제공과 관련 없이, 구성원의 사기 진작 및 친목 등을 위한 차원의 회식은 근로시간 불인정

출처: 고용노동부

근로시간의 유형

휴일근로는 법정 또는 약정 휴일에 근로하는 경우 8시간 이내 50% 가산, 8시간 초과 100% 가산수당을 지급해야 합니다. 야간근로, 즉 22:00~06:00 사이에 근로하는 경우 50% 가산수당을 지급해야 합니다. 이는 상시근로자 5인 이상 적용하고 있습니다.

따라서 근로계약 시 근무시간을 적절히 정해야 합니다. 협동조합의 업무특성에 맞는 근로조건의 설계가 필요합니다. 많은 소상공인이 근무시간을 반드시 오전 9시에서 오후 6시까지로 설정하는데, 협동조합의 업무 특성을 반영하여 오후 1시부터 오후 9시까지로 근로자와 계약할 수도 있습니다. 근로시간을 초과하여 근무하는 경우에는 가산수당을 지급하여야 합니다. 가산수당은 상시근로자 5인 이상 사업장이 적용되며 내용은 다음과 같습니다.

구분	내용
연장근로	법정 근로시간을 초과하여 근로하는 경우 50%
휴일근로	법정 또는 약정 휴일에 근로하는 경우 8시간 이내 50% 가산 8시간 초과 100% 가산
야간근로	22:00~06:00 사이에 근로하는 경우 50% 이상

가산수당

마지막으로 유급휴일에 대해 알아보겠습니다. 근로기준법의 휴일은 일요일로 정해진 것이 아니며, 근로계약 등으로 주

중 1일을 주휴일로 정하는 것입니다. 협동조합의 업무특성을 고려하여 근로계약을 할 때 적법한 근로시간을 효율적으로 설계하는 것이 필요합니다.

사용자 입장에서는 가장 큰 비용인 임금, 근로자의 입장에서는 생존의 문제

근로기준법 제2조 제1항에 의하면 임금이란 사용자가 근로의 대가로 근로자에게 임금, 봉급, 그 밖의 어떠한 명칭으로든지 지급하는 일체의 금품이라고 정의하고 있습니다. 임금은 현금지급이 원칙이며 상품권, 물건 등으로 지급할 수 없습니다. 또한 근로자 본인에게 직접 지급해야 하며 매달 한 번 이상 정해진 지급일에 근로계약으로 정한 급여 전액을 지불해야 합니다.

근로의 대가로 지급된 임금으로 보기 어려운 금품
· 사용자가 지급하지 않은 금품
· 호의적 은혜적 금품
· 실비변상으로 지급되는 금품
· 개별 근로자의 특수하고 우연적인 사정에 의하여 좌우되는 금품

임금에 해당하는지의 여부가 중요한 것은 각종 수당산정의 기초로 임금이 기준이 되기 때문입니다. 임금은 통상임금과 평균임금으로 나눌 수 있습니다. 통상임금은 해고예고수당, 휴일

연장야간근로수당, 산전후 휴가수당의 기초로 활용되며, 평균임금은 퇴직금, 휴업보상·장해보상·유족보상에 해당됩니다. 이것은 근로자와 사용자 모두 민감한 사안으로 잘 알고 있어야 합니다.

임금을 지급할 때 반드시 지켜야 할 것 중 하나가 최저임금입니다. 최저임금이란 국가가 임금의 최저수준을 정함으로써 저임금 근로자를 보호하는 제도로, 1인 이상의 근로자를 둔 모든 사업 또는 사업장에 적용됩니다. 강행규정으로서 최저임금 미만으로 지급받기로 한 근로계약은 무효가 됩니다. 다만 예외규정으로 수습사용 중에 있는 자로서 수습사용한 날부터 3개월 이내인 자는 최저임금의 90% 지급이 가능합니다.

최저임금 산정 시 주의해야 할 점은 상여금과 식대 등 세부항목에 따라 위법 여부가 갈린다는 점입니다. 식대나 교통비 등 매월 꾸준히 지급되는 현금성 복리후생비의 경우 최저임금의 2%를 뺀 금액이 최저임금에 포함됩니다. 따라서 식대 전액이 최저임금에 반영되는 줄 착각하여 차액만큼 최저임금 위반이 되는 경우가 많습니다. 따라서 급여 설정에 있어 노무사의 도움을 받아 최저임금 위반을 하지 말아야 할 것입니다.

직원이 1인 이상이라면 퇴직금을 지급해야 합니다

근로자퇴직급여보장법 제8조 제1항에 의하면 1년 이상 계속 근로한 근로자가 퇴직하는 경우 퇴직금을 지급해야 합니다. 퇴직금은 근로자에게 계속근로기간 1년에 대해 30일분 이상의 평균임금을 지급해야 합니다. 소상공인 또는 소상공인 협동조합은 목돈인 퇴직금을 적립하지 못하는 경우가 많습니다. 따라서 별도의 통장에 직원의 퇴직금을 관리하는 것이 필요합니다.

그러나 실무적으로 쉽지는 않습니다. 자금 사정이 열악한 소상공인 협동조합이 통장에 있는 돈부터 쓰게 되겠죠. 그래서 퇴직연금제도를 도입하는 것을 추천합니다. 1인 이상 근로자를 사용하는 사업장의 사용자는 퇴직급여 제도인 퇴직금제도와 퇴직연금제도 중 하나 이상의 제도를 설정하여야 합니다. 퇴직연금제도는 법정 퇴직금 제도와 달리 노사합의에 의해 자율적으로 도입하는 제도로서 강제성은 없습니다. 그러나 사용자 측면에서는 내가 통제하지 못하는 곳에 적립됨으로써 직원 퇴직 시 목돈이 필요한 경우를 대비할 수 있습니다. 협동조합 측면에서는 구성원들과의 토론과 논의를 통해 적합한 퇴직금 지급방법을 선택해야 할 것입니다.

퇴직연금제도에 대해서는 고용노동부(https://www.moel.go.kr) 홈페이지에 자세히 설명되어 있으니 참고하시기 바랍니다.

노무 문제에 대해 도움 받을 수 있는 곳

이 외에도 다양한 노무 문제가 있습니다만 여기까지만 해도 머리가 아프실 겁니다. 실무 측면에서는 어떻게 대응하는 것이 좋을까요?

소상공인시장진흥공단에서는 소상공인 협동조합을 지원하기 위해서 협업아카데미를 운영하고 있습니다. 소상공인 협동조합에서 필요한 다양한 교육과 컨설팅을 지원하고 있지요. 협업아카데미를 통해 소상공인 협동조합의 기초적인 노무 관련 시스템을 구축하시기 바랍니다. 전문가의 도움으로 법 위반이 되지 않도록 사업 시작 전에 관련법을 숙지하고 관련 문서작성 및 보존에 대한 체계적인 준비를 해야 합니다.

또한 머리 아픈 업무가 있습니다. 바로 4대 보험 관련 업무입니다. 수시로 변경되는 복잡한 관련법을 지키면서 관리하는 것이 여간 어려운 일이 아닙니다. 고용노동부에서는 이러한 기업들의 애로사항을 해결하기 위해 20인 미만 영세 소규모 사업주의 보험 사무지원을 통해 경영 부담 완화 및 보험 사각지대 해소를 위해 노력하고 있습니다.

근로복지공단의 인가를 받은 사업주 단체, 업종별 연합회, 노무세무법인, 공인노무사(2년 이상 경력), 세무사(2년 이상 경력, 인가교육 이수)에서 지원하고 있습니다. 관할 근로복지공단에 문의해서 사무대행 지원기관의 도움을 받아 직원의 채용 및 퇴직에 따른 4대 보험 업무를 해결할 수도 있습니다. 생각보다 많은 소상공인이 이 제도를 모르고 있습니다. 소상공인 협동조합은 비용 부담이 없습니다. 적절히 활용하면 큰 도움이 되실 것입니다. 신청 대행 기관은 근로복지공단 홈페이지(https://www.comwel.or.kr)에서 검색이 가능합니다.

노무 관련 업무는 생각보다 어렵습니다. 또한 형사처벌 대상이라 협동조합을 운영하는 입장에서는 부담이 될 것입니다. 따라서 설립 초기에 다양한 지원제도를 활용하여 전문가의 도움을 받아 체계적인 시스템을 구축하는 것만이 유일한 해결방법이 될 것입니다.

3
함께 의사결정을
잘하는 방법

의결기관으로서 총회, 이사회

소상공인 협동조합에서 사업과 조직에 대한 중요한 결정은 조합원들의 회의를 통해 이루어집니다. 협동조합에는 크게 3개의 회의가 있습니다. 총회, 이사회, 운영위원회입니다. 총회는 전체 조합원이 모여서 의사를 결정하는 회의, 이사회는 이사들이 모여서 의사를 결정하는 회의, 운영위원회는 운영위원들이 모여서 의사를 결정하는 회의입니다.

이러한 회의를 협동조합기본법에서는 '기관'으로 표현하고 있습니다. 마치 법제정, 예산심의, 행정부 감시 권한 등 국가의 중대한 의사결정을 하는 회의를 하는 국회가 헌법기관인 것처럼요.

협동조합을 해나가기 위해서는 이러한 협동조합만의 회의

체계를 이해하고 회의 틀을 갖춰가는 일이 매우 중요합니다. 협동조합 활동은 회의에서 시작해서 회의로 끝난다고 해도 과언이 아니기 때문입니다. 그래서 우스갯소리로 협동조합 활동가들을 '회의주의자'라고 부르는데, 그만큼 회의는 협동조합에서 일상화된 요소로서, 회의의 속성을 이해하고 효율적인 회의 진행방법을 모색하는 일이 필요합니다. 정말로 회의에 빠지지 않기 위해서는 효과적인 의사소통 방식을 잘 익혀서 민주적이면서도 효율적으로 회의를 진행할 수 있어야 합니다.

그럼 총회에 대해서 좀 더 자세히 설명을 드리겠습니다. 총회란 모든 회의들을 총괄하는 회의로, 최소 1년에 한 번 이상 열도록 되어 있습니다. 총 조합원의 과반수 출석과 출석자 과반수의 찬성으로 의결되는데, 정관 변경 및 협동조합의 합병·분할·해산 등 특별히 중요한 안건에 대해서는 과반수 출석과 출석 조합원의 2/3 이상 찬성으로 강화되어 있습니다. 즉 전체 조합원들과 반드시 공유하여 결정해야 하는 중요 안건을 결정하는 회의이죠. 구체적으로는 다음과 같은 사항을 의결합니다.

총 조합원의 과반수 출석과 출석 조합원의 과반수가 찬성해야 하는 사항

- 규약의 제정·변경 또는 폐지
- 임원의 선출과 해임
- 사업계획 및 예산의 승인
- 결산보고서의 승인
- 감사보고서의 승인
- 총회의 의결을 받도록 정관으로 정하는 사항
- 그 밖에 이사장 또는 이사회가 필요하다고 인정하는 사항

총 조합원의 과반수 출석과 출석 조합원의 2/3 이상 찬성해야 하는 사항

- 정관의 변경
- 협동조합의 합병·분할·해산 또는 휴업
- 조합원의 제명

이중 매년 정기적으로 총회에서 통과되는 안건은 다음 네 가지입니다.

- 결산보고서의 승인
- 감사보고서의 승인
- 사업계획서의 승인
- 예산서의 승인

전년도에 진행한 사업에 대한 결산보고서를 작성해서 감사에게 제출하면 감사가 감사보고서를 작성합니다. 전년도 결

산 관련해서는 이렇게 결산보고서와 감사보고서의 승인이 필요합니다. 결산보고서는 보통 이사회에서 주도해서 작성하게 됩니다. 그 뒤 올해 할 사업에 대한 계획이 필요합니다. 그래서 이사회에서 사업계획서와 예산서를 작성해서 승인을 받는 것입니다. 이렇게 4개의 안건은 꼭 기억해두시기 바랍니다.

인원이 일정 수 이상이 된다면 당연히 모든 회의 안건을 다 총회에서 다룰 수 없을 것입니다. 그래서 총회 아래에 이사회를 두어 좀 더 신속성을 담보하여 업무를 집행할 수 있도록 해두었습니다. 이사회는 결국 임원인 이사들의 모임으로, 임원인 이사가 조합의 대표성을 가지고 먼저 총회에 올릴 안건을 논의해서 안을 만들고 신속히 집행되어야 할 부분을 결정하는 회의라고 보면 됩니다. 10인 미만의 경우 법상 이사회를 두지 않을 수도 있습니다. 총회와 이사회가 거의 일치하기 때문입니다. 하지만 총회와 이사회의 위상이 다르기에, 대체로는 10인 미만의 경우에도 이사회를 두기를 권합니다. 이사회에서 결정하는 사항은 다음과 같습니다.

- 협동조합의 재산 및 업무집행
- 총회의 소집과 총회에 상정할 의안
- 규정의 제·개정 및 폐지
- 사업계획 및 예산안 작성
- 법령 또는 정관에서 정한 이사회 의결사항

• 기타 중요사항 또는 이사장이 부의하는 사항

마지막 회의로 협동조합기본법상 필수적인 의결기관은 아니지만 통상적으로 만드는 운영위원회가 있습니다. 이사회는 이사들의 모임으로서, 모든 조합원들이 이에 포괄되지 않기에 조합원들의 의사를 반영하기 어려울 수 있습니다. 따라서 운영위원회를 통해 이를 보완하고 구성원들의 역할을 분배하도록 합니다. 특히 조합원의 다양한 관심에 따라 역할을 맡기는 것이 중요합니다. 자신이 할 수 있고 관심이 높은 영역일수록 참여 동기도 높아지기 때문입니다.

사업을 운영하는 데 관심이 높은 조합원은 사업기획위원회로 묶을 수 있고, 다양한 사업에 대한 정보가 많거나 사업개발에 관심 있는 조합원은 사업개발위원회로 묶을 수 있습니다. 조합원이 많다면 이러한 사업기획위원회, 사업개발위원회를 구체적인 사업별로 다시 나눌 수도 있습니다. 그리고 숫자와 회계에 밝은 조합원은 총무위원회(회계위원회)에 참여하도록 하고, 사람과의 관계 형성에 능한 조합원을 중심으로는 조직발전위원회를 구성할 수 있습니다. 이러한 위원회 시스템을 통해 조합원의 참여를 더욱 끌어낼 수 있습니다.

이렇게 협동조합의 의사결정은 층층이 모임들이 모여 이루어지며, 결국 의견이 수렴되고 올라가는 형태는 조합원 → 운영위원회 → 이사회 → 총회의 순서로 됩니다.

집행기관으로서 임원과 직원의 역할

의결기관을 통해 열심히 의사결정을 한 내용은 누가 집행할까요? 직원을 뽑아서 하는 경우도 있지만 많은 협동조합들이 초기에 직원을 뽑기 힘들 수 있습니다. 그럼 누가 하겠어요? 바로 조합원들이 합니다. 이는 협동조합의 원칙 가운데 하나인 조합원의 경제적 참여와 연결됩니다. 협동조합은 조합원 스스로가 경제적으로 참여하면서 힘을 만들어내지 않으면 어느 누가 대신 해주지 않습니다. 협동조합은 선의만으로, 말만으로 움직이지 않습니다.

그렇지만 현실적으로 이사장, 이사 등 임원이 더 많은 역할을 하는 경우가 많습니다. 앞서 살펴본 총회와 이사회가 의결기관이라면 집행기관은 임원과 직원입니다.

예를 들어 소상공인 협동조합 설립 준비과정에서 누가 중심이 되어서 날짜를 잡고 연락을 돌리고 준비를 해왔는지 살펴보세요. 아마 그분이 이사장이 될 가능성이 클 겁니다. 그렇다면 막상 협동조합이 설립되어 운영이 되면 일이 줄어들까요? 그렇지 않습니다. 오히려 더 많아집니다. 이제 실제로 일이 돌아가야 하니까요. 외부 활동도 하게 되고 다른 조합원이나 이사가 미처 다 수행하지 못한 일들까지 처리하게 됩니다. 따라서 이사장은 최대한 실무 역할에 대한 부담을 적게 주는 게 필요합니다.

또한 협동조합 차원에서 이사장을 비롯한 임원들에 대해 경제적, 심리적, 사회적 보상을 해야 합니다. 가급적 임원들에게 일한 만큼 수당을 주는 게 가장 좋습니다. 협동조합 초기에는 실제로는 그 수당보다 훨씬 더 많은 일을 하니 그 수당이 아깝지 않습니다. 그런데 현실적으로 수당 책정이 어려운 곳이 많습니다. 그렇다면 조합원들은 임원들에게 "늘 수고한다, 정말 감사하다"라는 칭찬과 격려를 아끼지 마시기 바랍니다. 많은 협동조합에서 이와 반대되는 모습을 봅니다. 조합원들이 임원에게 "네가 먼저 하자고 하더니 이 꼴이 뭐냐?"라며 힘을 쫙 빼놓지 않나, "너희들끼리 짝짜꿍해서 우리가 낸 출자금 해먹는 거 아니야?"라며 음해하는 경우도 있습니다. 돈도 받지 않고 욕만 먹으면 아무리 사명감으로 협동조합을 시작했던 임원이라도 손을 놓게 되어버립니다.

이사장도 주의해야 할 부분이 있습니다. 이사장은 아무래도 다른 조합원들에 비해 만든 소상공인 협동조합에 대한 이해도가 높고 에너지가 많습니다. 따라서 너무 앞장 설 경우 다른 조합원들이 뒤처지면서 무관심해질 가능성이 높습니다. 협동조합은 "한 사람의 열 걸음보다 열 사람의 한 걸음"이 더 소중한 기업 방식입니다. 이사장이 보폭을 넓혀 빨리 나가는 게 협동조합을 안정시키는 데 기여할 것 같지만 실상은 반대입니다. 조합원들의 평균 수준만큼 소상공인 협동조합의 수준이 올라갑니다. 따라서 조합 사업에 대한 의견을 낼 때도 다른 조합원들이 충분히 의견을 낸 뒤에 조심스레 의견을 덧붙이는 게 중요합니다. 물론 이런 부분이 답답하고 서운하고 어려울 수 있습니다. 속앓이를 많이 하게 되고요. 그럼에도 이왕 협동조합을 하기로 한 이상 조합원과의 이러한 협력적 의사소통 방식을 익혀나가야 합니다.

의사결정을 잘하려면 어떻게 해야 할까

사업을 하면서 다양한 갈등이 생깁니다. 자원(사람, 돈 등)에 대한 경쟁, 성격, 일하는 스타일의 차이, 지식·기술·경험의 차이, 문화적 차이, 불명확한 역할과 책임 등을 원인으로 꼽습니다. 특히 협동조합에서는 의사소통에서 어려움이 생기면서 갈등이 커집니다. 그래서 의사결정을 잘해나가는 방법을 익혀야 합니다.

사람들은 하나의 사실을 자기 나름대로 해석하고 거기에서 특정한 감정이 생기면서 행동으로 이어집니다. 예를 들어 이사장이 사업 담당 이사의 업무를 자주 점검하는 사실이 있다고 해볼까요? 어떤 이사는 자신을 믿지 못해서 그렇다고 해석합니다. 그러면 서운하고 짜증나고 화가 납니다. 그리고 이사장과 대화를 피하려 하고 거리를 둡니다. 이렇게 이사장과 이사 사이에 불화가 생기면 조합이 제대로 돌아갈 리 없습니다.

반면 같은 사실에 대해서 어떤 이사는 자신에게 맡긴 업무가 중요하기 때문에 이사장이 도와주려고 업무를 자주 점검한다고 해석합니다. 그러면 책임감이 더 느껴지고 이사장에 대한 고마움도 생깁니다. 자연히 이사장과 거리가 가까워지고 더욱 열심히 업무를 하게 됩니다.

어떠세요? 같은 사실에 대해서도 해석이 다르면 이렇게 다른 행동으로 귀결됩니다. 따라서 중요한 건 상대방의 행동을 잘못 이해하는 해석이 일어나지 않도록 노력하는 것입니다. 그러려면 최대한 자신이 하는 행동의 의도를 말과 태도로 열심히 설명하여 상대방에게 전달할 수 있도록 노력해야 합니다.

회의에서도 마찬가지입니다. 첨예한 사안일수록 최대한 시간을 두고 천천히 모든 조합원들이 함께 난상토론을 하며 결정해나가야 합니다. 이때 앞서 언급한 대로 미리 단정 짓거나 억측하지 않도록 해야 합니다. 그러기 위해서는 객관적인 사실을 기반으로 얘기하는 습관을 들여야 합니다. 한 번에 이러한 토론 문화가 정착되기란 어렵습니다. 그렇지만 자꾸 노력을 하다 보면 어느새 협력적 소통 문화를 만들어갈 수 있을 것입니다.

또한 모든 회의에서 기록과 공유가 중요합니다. 회의 전에 안건과 그에 대한 자료를 이사, 조합원들에게 공유해서 충분히 생각해올 수 있는 시간을 가져야 합니다. 그리고 회의 후에는 결과를 정리해서 참석하지 못한 이들에게도 공유해야 합니다. 그래야 회의를 하는 의미가 있습니다. 또한 사람의 기억은 왜

곡될 수 있기에 잘 정리를 해놓아야 오해가 생기지 않습니다.

끝으로 이러한 의사소통은 협동조합 내부에서만 아니라 외부와의 관계에서도 중요합니다. 특히 지역에서의 관계 형성이 중요합니다. 협동조합의 7원칙 중 하나인 '지역사회에 대한 기여'는 지역사회에 대한 무조건적인 봉사를 강조하는 것이 아니라 지역과의 관계 설정이 중요함을 뜻하기도 합니다. 지역사회는 여러분의 든든한 우호군이 될 수 있습니다. 초기에는 지역의 여러 행사들, 특히 사회적경제 조직들 간의 네트워크에 열심히 참석해서 여러분 협동조합을 소개하고 관계를 적극적으로 맺어야 합니다.

4
정관 및 규약에 대한
이해

표준정관을 함께 읽자

처음에 설명했듯이 협동조합의 기본적인 규칙은 정관입니다. 정관은 협동조합의 조직형태, 운영방법 및 사업활동 등에 관한 기본적인 사항을 규정한 최고의 자치법규입니다. 협동조합의 사업을 집행할 때, 조합원들과 함께 의사결정을 할 때, 갈등이 생겼을 때 등 협동조합의 운영과정에서 정관은 가장 중요한 기준으로 작용합니다. 정관은 조합원 간의 계약서라 할수 있기 때문에, 정관을 이해하지 않고는 협동조합을 제대로 운영할 수 없습니다.

기재부에서는 표준정관을 제시하고 있습니다. 협동조합기본법상 정관에 반드시 들어가야 할 내용이 있습니다. 모든 협동조합에 공통된 부분이 있기도 하고, 협동조합을 준비하는 분

4장 협동조합 운영을 위해 체크해야 할 것

들이 아무것도 없는 상태에서 정관을 작성하기가 어렵기 때문에 표준정관이 있습니다. 협동조합기본법의 내용 대부분이 표준정관에 반영되어 있기 때문에, 조합원은 협동조합기본법의 개별 조문을 살펴보기 전 정관을 바로 살펴보는 것을 권장합니다. 협동조합기본법과 정관은 아래 그림과 같이 동일한 체계로 구성되어 있습니다.

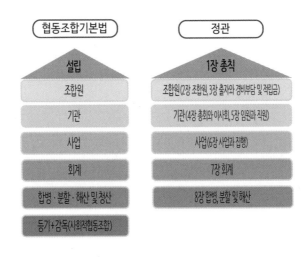

정관 중 우리가 주되게 살펴봐야 할 내용은 크게 4가지로 나뉩니다. 먼저 총칙입니다. 이는 우리 협동조합의 이름, 목적을 비롯한 전반적인 사항이 규정되어 있습니다. 둘째는 조합원 부분입니다. 이는 협동조합의 구성원에 대한 내용으로 전체 내용은 '2장 조합원'에서 규정하고 있으며, 조합원으로서 가장 중요한 의무인 출자금 등에 대해서는 '3장 출자와 경비

부담 및 적립금'에서 규정하고 있습니다. 셋째, 기관은 의결기관과 집행기관으로 나눌 수 있는데, 의결기관에 대해서는 '4장 총회와 이사회'에서 규정하고 있으며 집행기관에 대해서는 '5장 임원과 직원'에서 규정하고 있습니다. 끝으로 사업 부분은 '6장 사업과 집행'에 있지만 '7장 회계'와도 연계해서 살펴봐야 합니다.

정관이 제대로 기능하기 위해서는 이사장뿐 아니라 모든 조합원이 함께 정관을 이해하려는 노력이 필요합니다. 정관 학습을 통해 협동조합에 대한 불필요한 오해를 줄일 수 있습니다. 그렇기에 이사장과 소수의 이사만 정관을 학습하거나, 정관 작성을 외부 전문가에게 맡긴 채 정관의 구체적인 내용을 도외시하는 방식은 지양해야 합니다.

예를 들어 표준정관 제3조를 한번 볼까요?

제3조(조합의 책무) ① 조합은 조합원 등의 권익 증진을 위하여 교육·훈련 및 정보 제공 등의 활동을 적극적으로 수행한다.(法)
② 조합은 다른 협동조합, 다른 법률에 따른 협동조합, 외국의 협동조합 및 관련 국제기구 등과의 상호 협력, 이해 증진 및 공동사업 개발 등을 위하여 노력한다.(法)

여기에는 협동조합 7원칙 중 5번째 "교육, 훈련 및 정보제공", 7번째 "협동조합 간 협동"이 포함되어 있습니다. 정관을 함께 읽으면서 자연스럽게 협동조합 원칙을 이해할 수 있습니다.

덧붙이자면, 표준정관을 기초로 내용을 채워갈 때 특히 염두에 두어야 할 부분이 제2조(목적)와 제61조(사업의 종류)입니다. 이는 등기부상 '목적'사항으로 표기되며 사업자등록증의 업태와 종목을 정할 때 기준이 되기 때문입니다. 이런 부분 때문에 나중에 사업 종목을 추가하려고 하면 등기와 사업자등록증을 변경해야 합니다. 그러려면 총회를 다시 해야 하고, 앞서 1장에서 설명한 대로 총회의사록 공증을 다시 받아야 합니다. 절차도 번거롭고 비용도 발생하기 때문에 이 부분에 대해 충분히 고민하시는 게 좋습니다. 따라서 가능한 한 향후에 할 수 있을 법한 사업들을 최대한 많이 넣어두시길 권합니다.

규약과 규정을 통해 우리만의 운영체계를 만들자

표준정관으로는 반영하기 어려운 각 협동조합의 특수한 규칙은 규약과 규정을 통해서 반영하는 것을 추천합니다. 규약과 규정은 정관으로 정하는 것을 제외하고 협동조합의 조직과 사업활동에 필요한 사항을 정의한 것입니다. 헌법이 있다면 그 아래에 법률이 있고 명령이 있는 것처럼 '정관 〉규약 〉규정'의 체계로 되어 있습니다. 규약과 규정은 정관과 달리 신고(인가)가 요구되지 않습니다. 협동조합기본법이나 정관에 위배되지 않는 범위 내에서 자유롭게 작성하는 그야말로 내부 규칙입니다.

'정관 〉규약 〉규정'의 체계로 되어 있기에 이를 새롭게 만들거나 고치려고 할 때 동의를 받는 회의 단위도 다릅니다. 정관과 규약은 총회에서 제정·변경되는 데 반해, 규정은 이사회에서 제정·변경된다는 특징이 있습니다.

이 역시 처음부터 작성하려면 어려우실 거예요. 이와 관련해서 서울시협동조합지원센터(https://www.15445077.net/)의 '협동정보 〉협동조합서류'에 〈협동조합이 알아야 할 협동조합 규약규정집〉이 올라와 있습니다. 또한 이 책에서 소개하는 것처럼 핵심적인 사항들을 규약으로 정할 것을 권합니다.

공동사업 참여를 활성화하는 규약

협동조합을 만들었는데 조합원들의 참여가 저조하다고 해서 걱정하는 경우가 많습니다. 앞서 언급한 것처럼 이사장만 너무 앞서가는 경우입니다.

조합원의 참여를 활성화하기 위해서는 먼저 조합원들이 설립하려고 하는 협동조합의 원칙, 목적, 가입하고자 하는 협동조합의 조직문화를 명확히 인식하고 이에 동의해야 합니다. 왜냐하면 조합원이 된다는 것은 공동사업을 하면서 위험을 감당하고 그것을 책임진다는 의미이기 때문입니다.

이러한 책임에는 먼저 경제적 책임을 들 수 있습니다. 이를 위해 충분한 자본금이 있어야 합니다. 자본금이 부족한 경우 금융지원을 직간접적으로 받는 방법도 있겠지만 일차적으로 는 조합원이 공동사업에 필요한 충분한 자본금을 가지고 출발 해야 합니다.

둘째로 업무에 있어서 책임을 져야 합니다. 조합원들은 아 주 작은 일이라도 역할을 맡아야 합니다. 그래야 조합원들이 협동조합의 운영과 업무에 대한 정보를 훨씬 빠르고 폭넓게 이해할 수 있기도 합니다. 이를 위해 우리 협동조합이 1년 동 안 처리해야 할 업무를 조합원과 공유하고 서로의 역할을 정 해가는 걸 추천합니다. 구체적으로 각종 회의의 준비와 실행, 회계정리와 법인세 등 세무 처리, 조합원 교육과 활동관리, 등 기변경 등 행정 업무, 사업의 기획과 준비 및 운영 등으로 하나 씩 업무를 정리해보시기 바랍니다. 특히 처음에는 상근 인력을 채용하기 쉽지 않으므로 이러한 역할을 잘 나눠야 합니다. 그 렇지 않으면 이사장 혼자서 끙끙대며 일을 처리하게 되며 그 러다 보면 지치기 때문입니다.

이상의 내용을 담아 다음과 같은 규약 조항을 제시해봅니다.

제○조 (조합원의 자격)

① 조합원은 정관으로 정하는 바에 따라 1좌 이상을 출자하여야 한다.

② 조합원 가입 시 다른 조합원의 추천이 있어야 한다.

③ 우리 조합의 조합원은 다음 각 호의 어느 하나에 해당하는 자로 한다.

　1. 업력

　2. 기술력 등

④ 필요한 경우 이사회의 심사를 통해 조합원 가입을 승인할 수 있다.

제○조 (조합원의 공동사업 참여 의무)

① 조합원은 조합의 공동사업에 성실히 참여해야 한다.

② 조합의 공동사업에 대해 최소한 필수 참여 기준은 다음과 같다.

　1. 월 ○회 이상(혹은 ○만원 이상) 조합을 통해 물품을 납품할 것(혹은 구매할 것)

　2. 월 ○회 이상 모임에 참여할 것

　3. 개별적으로 맡은 업무의 원활한 수행

③ 공동사업에 성실히 참여하지 않은 조합원에 대해서는 이사회를 통해 제재를 할 수 있다.

조합원의 참여를 활성화하는 규약 예

임원의 활동비 및 실비 변상 관련 규약

　조합원들이 협동조합의 공동사업에 참여를 할 수 있도록 많은 장치를 두더라도 아무래도 임원들이 초기에 많은 고생을 할 수밖에 없습니다. 앞에서 언급한 대로 협동조합 차원에서 이사장을 비롯한 임원들에 대해 경제적, 심리적, 사회적 보상을 해야 합니다. 무엇보다 가급적 임원들에게 일한 만큼 수당을 주는 게 가장 좋습니다. 협동조합 초기에는 실제로는 그 수당보다 훨씬 더 많은 일을 하니 그 수당이 아깝지 않습니다.

이를 위해 다음처럼 활동비와 실비 변상에 대한 규약을 만들어 두시는 게 좋습니다.

제○조(임원 활동비) ① 조합은 임원의 조합에 대한 기여를 고려하여 활동비를 책정한다.

② 조합에 대한 기여는 다음과 같은 요소를 고려해 활동비는 이사회에서 정한다.

   1. 조합 활동에 대한 투여 시간

   2. 대외 활동 시간

③ 임원 활동비는 매달 조합원들에게 공유한다.

제○조(임원 실비 변상) ① 조합은 임원의 활동 관련한 실비를 변상한다.

② 실비 변상되는 범위는 다음과 같다.

   1. 조합 활동 관련한 교통비

   2. 조합 활동 관련한 대외활동에서의 식사비

   3. 기타 이사회에서 정한 실비

③ 임원 실비 변상 내역은 매달 조합원들에게 공유한다.

활동비와 실비 변상에 대한 규약 예

회비 및 수수료에 관한 규약

앞서 이야기한 임원의 활동비 지급 등을 위해서도 조합의 예산이 필요합니다. 초기에는 매출이 원활하지 않은 반면 이래 저래 들어가는 비용이 많습니다. 물론 이러한 비용을 출자금에서 쓸 수도 있습니다. 하지만 출자금은 가급적 장기적인 사업을 위해 남겨두는 게 좋습니다. 따라서 매월 일정한 금액을 회비로 정해서 조합 활동을 위한 여유 금액을 만들어가는 걸 권합니다. 출자금과 회비의 차이는, 출자금은 탈퇴 시 돌려받을 수 있는 데 반해 회비는 그렇지 않다는 점입니다.

이와 관련한 규약을 제시하면 다음과 같습니다.

제○조(회비) ① 조합은 매월 정해진 일자에 조합원에게 회비 ○원을 부과한다.

② 조합원은 매월 정해진 일자에 조합에서 부과한 회비를 조합에 납부하며, 자동이체(CMS) 또는 계좌이체 방식으로 납부한다.

③ 조합원은 일시적으로 조합의 사업을 이용하지 못할 사정이 발생한 경우 조합에 통고하여 회비 부과의 일시중지를 요청할 수 있다. 다만, 조합원이 조합에 사전 통고하지 않아 회비가 부과, 징수된 경우 조합은 회비를 환불할 책임을 가지지 않는다.

제○조(수수료) ① 조합은 조합원이 공동사업을 통해 이익을 얻었을 시 다음과 같이 수수료를 부과한다.

　1. 10만원 이하 ○% 수수료

　2. 10만원 초과에서 100만원 이하 ○% 수수료

　3. 100만원 초과 ○% 수수료

② 수수료는 이익이 발생한 ○일 후까지 조합에 납부한다. 특별한 사정이 있는 경우 조합에 수수료 납부 지연을 요청할 수 있으며 이사회에서 판단한다.

③ 특별한 사정이 있는 경우 이사회에서 수수료를 조정할 수 있다.

회비와 수수료에 관한 규약 예

이중 수수료에 대해서 조합 내부에서 고민을 해봐야 합니다. 공동사업을 하면서 조합이 조합원들에게 경제적 혜택을 주는 동시에 조합에게도 이익이 생겨야 합니다. 그래야 조합이 운영될 수 있기 때문입니다. 이 점을 조합원들에게 이해시키고 설득하지 못한다면 이사장과 소수 임원의 무보수 헌신으로 운영되거나 최악의 경우 조합 자체가 적자에 허덕일 수 있습니다. 조합원들은 공동사업을 통한 이익에서 수수료를 떼는 것을 아까워하지 말아야 합니다. 조합이 없었다면 생길 수 없었던 이익이기 때문입니다.

예를 들어 조경관리 소상공인 협동조합이 있다고 해봅시다. 각자 조경사로 영업을 하면서 수익을 창출하기도 하겠지만 협동조합이라는 법인 방식으로 관공서와 계약을 따온 경우가 있을 수 있습니다. 이 경우 혼자서 하는 조경일은 100% 수익을 다 가져가겠지만 조합을 통한 공동사업의 경우 수익의 20%를 뗄 수 있습니다. 그 20%들이 모여서 조합의 이익이 되는 것이고요.

잉여 발생 시 어떻게 나눠 가질 수 있을지를 규정한 이용실적 배당 규약

잉여금이 발생했을 때 협동조합에서는 어떻게 나눠 가질까요? 협동조합기본법상 납입한 출자액에 대한 배당은 납입출자금의 10% 이하로 제한되어 있습니다. 대신 협동조합은 이용실적에 따른 배당이 전체 배당의 50% 이상이 되도록 하고 있습니다. 50% 이상이라면 조합원들이 정하는 바에 따라 100%로도 할 수 있다는 것입니다.

그렇다면 이용실적이란 무엇일까요? 조합 사업에 대한 참여 정도라고 할 수 있습니다. 이용실적을 어떻게 설정하느냐에 따라 조합의 공동사업에 대한 조합원의 참여를 촉진할 수 있습니다.

이와 관련해서 다음처럼 규약을 제시해봅니다. 이중 회전출자는 조합원에게 준 배당을 다시 출자금으로 증자하도록 해 조합의 출자금 총액, 즉 자본을 늘릴 수 있는 방법입니다.

규약 중에서 특히 '이용실적 배당 산출방법'을 정하는 게 중요합니다. 이 조의 예시 제4항에서는 교육 참여, 회의 참여, 영업, 공동사업 참여 등을 기준으로 개별 소상공인 협동조합에서 정할 수 있도록 해보았습니다. 이와 관련해서 좀 더 구체적으로 와 닿을 수 있도록 점수표 예시도 함께 들어보도록 하겠습니다.

제○조(배당액 결정 기준) ① 조합은 매 회계연도의 결산 결과 손실금(당기손실금을 말한다)이 발생하면 미처분이월금, 임의적립금, 법정적립금의 순으로 이를 보전한다.

② 조합이 제1항에 따른 손실금을 보전하고 법정적립금 및 임의적립금 등을 적립한 이후에는 정관으로 정하는 바에 따라 조합원에게 잉여금을 배당할 수 있다.

③ 제2항에 따른 잉여금 배당의 경우 협동조합사업 이용실적에 대한 배당은 전체 배당액의 100분의 50 이상이어야 하고, 납입출자액에 대한 배당은 납입출자금의 100분의 10을 초과하여서는 아니 된다.

④ 배당의 순서는 이용실적 배당, 납입출자금 배당 순으로 지급한다.

⑤ 제4항에 따라 배당을 하고도 남은 금액은 다음 회계연도로 이월한다.

제○조(배당방법) ① 배당은 현금배당을 원칙으로 한다.

② 확정된 배당금은 확정일로부터 ○일 이내에 조합원이 제출한 개인 계좌로 입금한다. 다만, 조합원의 요청에 의하여 본인의 통장이 아니여도 가능하다.

③ 배당이 확정되었으나 조합원의 자발적 선택으로 현금으로 지급하지 않고 출자금으로 증자하는 회전출자도 가능하다.

제○조(이용실적 배당 산출방법) ① 이용실적 배당은 조합에 대한 기여도 및 사업의 참여도를 정량화한 것으로 배당의 기준이 된다.

② 이용실적을 부여하는 원칙은 평등성, 형평성, 책임성을 바탕으로 한다. 평등성에 따라 임원 여부와 상관없이 동등하게 점수가 누적된다. 형평성에 따라 참여 횟수에 따른 차등화된 점수가 부여된다. 책임성에 따라 맡은 바 임무를 완수했을 때 부여함을 원칙으로 한다.

③ 이용실적 대상사업은 다음 각 호와 같다.

　1. 정관에 정한 주요사업

　2. 정관에 정한 필수사업

　3. 주요사업 및 필수사업을 수행하기 위한 기타

④ 이용실적(기여도)에 따른 계산은 다음의 내용을 기준으로 당해연도 말에 합산하여 조합원에게 개별공지한다.

1. 교육 참여 : 건당 ○점
2. 회의 참여 : 건당 ○점
3. 영업 : 건당 ○점(혹은 금액의 ○%)
4. 공동사업 참여 : 참여시간당(혹은 참여 횟수당) ○점
5. 기타 이사회에서 정한 점수

⑤ 조합은 필요 시 이용실적에 대한 증빙자료 제출을 요구할 수 있으며 제출하지 못하는 경우에는 기여도 점수에 포함하지 않는다.

이용실적 배당 규약 예

다음은 외식업 사례입니다. 식자재를 공동구매할 경우 '금액×0.01%점(10,000원 당 1점)'으로 점수를 잡아보았습니다.

대구분	소구분	점수
교육 참여	신입조합원 교육	50점
	내외부 협동조합 관련 교육	20점
회의 참여	총회 참여	50점
	이사회 참여(1회당)	10점
영업	영업실적	금액×0.001%점(100,000원당 1점)
공동사업 참여	식자재 공동구매	금액×0.01%점(10,000원당 1점)
	조합 일 참여	시간×1점

이렇게 협동조합에 필요한 핵심 규약의 주요 내용을 살펴보았습니다. 책의 내용을 그대로 따르기보다 여러분 소상공인 협동조합의 상황에 맞춰서 수정 보완해가시기 바랍니다.

어떠세요? 4장의 '협동조합 운영을 위해 체크해야 할 것'에 나온 내용들이 도움이 되셨나요? 이 책에는 법인으로서 협동조합을 운영하면서 초기에 필요한 경영/세무/노무/회의체계/정관 및 규약 등의 핵심 내용을 다뤘습니다. 최대한 쉽게 설명을 했지만 처음 접하는 용어들이 낯설 수밖에 없습니다. 조합원들과 천천히 읽어가며 협동조합 운영방법을 익혀가시기 바랍니다.

소상공인 협동조합의
미래를 위한 제언

세계 경제의 불확실성이 커지고 있습니다. 코로나 19 사태가 3년차에 접어들지만 여전히 위험에 노출되어 있습니다.

소비자 물가 상승률 또한 급격히 뛰고 있습니다. 한국은행은 뛰는 물가를 잡기 위해 금리를 올린다고 합니다. 그동안 풀린 자금의 양적 완화를 금리로 잡고자 하고 있습니다. 소상공인들은 그동안 매출이 부진하여 대출이 급증한 상황에서 금리 부담까지 더해지고 있습니다.

더군다나 러시아의 우크라이나 침공으로 전 세계적으로 유류비가 증가하는 등 원자재 가격이 급상승하고 있습니다. 소상공인들은 엎친 데 겹친 격으로 모든 위험이 한꺼번에 몰아치고 있습니다. 이미 전문가들이 장기간의 코로나 19로 인하여 사회 양극화가 심화될 것이라고 경고를 해왔습니다. 결국 부자들은 더 부자가 되는 반면 소상공인들은 생계를 위협받고 있으며 극빈층으로 추락할 가능성이 높습니다. 소득의 양극화가 심화될 뿐만 아니라 가속화되고 있습니다. 이러한 가운데 위기에 가장 취약한 소상공인들은 협동조합의 필요성을 점점 더 많이 느끼고 있습니다. 우리나라는 2012년 협동조합기본법 시행 이후 사업자협동조합의 설립이 급증하는 추세여서 생존하고자 하는 소상공인들이 협동조합으로 함께하면 문제를 해결할 수 있다는 기대감이 생겨난 것입니다. 어쩌면 유일한 희망이라고 생각할지도 모릅니다.

중소벤처기업부가 2019년 발표한 자료에 따르면 소상공인 협동조합의 매출액이 2013년 8,820만 원에서 2018년 3억 660만 원으로 증가했습니다. 이를 두고 소상공인 협동조합이 점차 자리를 잡아가고 있음을 보여주는 긍정적인 성과지표라고 말합니다. 그러나 소상공인 평균 매출액이 2억 3천5백만 원인 걸 감안하면 아직 열악한 것이 현실입니다. 또한 평균 조합원 수는 10.3명에서 8.3명으로 오히려 감소하여 큰 문제점으로 떠오르고 있습니다. 아시다시피 소상공인은 대기업에 비해 규모가 작아 여러 가지 문제가 발생하고 있습니다. 특히 원가 문제는 극복하기 어려운 문제입니다. 그렇다면 조합원 수가 증가해야 규모의 경제를 이룰 수 있을 텐데 현실은 그렇지 못합니다.

소상공인 협동조합을 위한 주치의가 필요하다

문제가 무엇일까요? 바로 협동조합 경영에 익숙하지 않기 때문입니다. 소상공인 대부분이 개인사업자로 운영하기 때문에 법인 경영에는 낯설어 많은 문제점이 발생하고 있습니다. 이런 문제를 극복하고자 해도 각자 사업을 운영하고 있어 협동조합 경영에 모든 것을 투자할 입장도 아닙니다. 전문가를 채용하려 해도 연매출 3억 원 내외로는 현실적으로 어려운 것이 현실입니다.

2012년 협동조합기본법 시행 후 많은 협동조합들이 설립되었습니다. 따라서 양적인 지표보다는 이미 설립된 협동조합의 지속경영이 가능하도록 정책의 전환이 필요합니다. 물론 그동안 한국사회적기업진흥원 및 소상공인시장진흥공단을 비롯하여 중간지원조직들이 경영에 관련된 컨설팅 및 교육을 시행해왔습니다. 그러나 모두 단기적인 정책으로서 법인 경영에 경험과 지식이 부족한 소상공인 협동조합에 실질적인 도움이 되기 어려운 것이 현실입니다.

따라서 가칭 '닥터 쿱(COOP)' 제도의 도입을 제안합니다. 일시적이고 단기적인 컨설팅 지원이 아니라 장기적인 경영전문가 닥터 쿱을 육성하여, 경영전문가가 필요한 소상공인 협동조합에 최소 1년 이상 장기적인 지원을 하는 것이 절실하게 요구됩니다. 소상공인 협동조합이 안정적인 비즈니스모델을 확립하고 지속경영이 가능한 시스템을 구축할 수 있도록 체계적인 지원을 하자는 것입니다. 이를 위해서 가칭 '협동조합경영지원단'을 설립할 것을 제안합니다. 현재 중소벤처기업부에서는 열악한 중소기업을 지원하기 위해 일정 자격을 보유한 전문가들을 대상으로 '비즈니스지원단'을 선발하여 경영상담, 컨설팅 등의 서비스를 제공하고 있습니다. 협동조합의 주무부처인 기획재정부든, 소상공인 협동조합 지원부서인 중소벤처기업부든, 또는 사회적경제의 주무부처인 고용노동부든 어디든지 좋을 것입니다. 물론 관련 부처가 협의해서 공동으로 운영해도 좋을 것입니다. 협동조합경영지원단은 경영능력과 지식을 보유하고 있지만 정년퇴직 등으로 일을 하고 싶어도 하지 못하는 시니어들을 활용하는 것이 효율적일 것입니다. 기존의 경쟁을 바탕으로 하는 시장경제와의 차별점을 중심으로 협동조합 경영교육을 실시하여 협동조합 전문가를 양성해 경영전문가가 필요한 소상공인 협동조합과 매칭하여 성과를 도출해야 할 것입니다.

협동조합이 우리나라 경제에서 안착하기 위해서는 장기적 관점에서 기초를 튼튼히 해야 합니다. 그렇지 않으면 현재 소상공인 협동조합이 겪고 있는 문제를 해결하기 어려울 것입니다.

아무리 아이템이 좋고 열의를 가진 조합원들이 모였다고 할지라도 뛰어난 인재들이 모여 있는 경쟁상대와 나란히 하기 위해서는 정부의 파격적인 지원이 불가피합니다.

단기적인 정책에서 지속가능 경영이 가능한, 장기적인 정책 전환이 필요한 시점입니다.

소상공인 협동조합의 육성 생태계를 만들어가자

협동조합 생태계를 효과적으로 만들기 위해 지원 부서에서 아무리 노력한다 해도 한계가 있습니다. 이를 위해서는 협동조합 생태계를 구성하는 다양한 이해관계자들의 노력이 동반되어야 할 것입니다.

우선 소상공인 협동조합의 당사자인 소상공인들의 적극적인 노력이 필요합니다. 협동조합의 정관에는 협동조합 간의 협동에 대해 필수 사업으로 명시하기에 이를 제시하지 않으면 협동조합 설립이 불가능합니다. 그렇지만 이러한 법적 조치가 있음에도 소상공인 협동조합의 실질적인 협업은 활성화되지 않고 있습니다. 정부에서는 협동조합연합회, 이업종협동조합연합회 활성화를 통해 이를 이루고자 노력하고 있지만 가시적인 성과가 보이지 않습니다. 이는 개별 소상공인 협동조합도 운영하기 벅찬 소상공인들이 또 하나의 조직을 구축하고 운영한다는 것이 현실적으로 불가능하기 때문입니다. 일선에 있는 소상공인 협동조항 이사장님들은 "도대체 내 장사를 할 시간이 없다"고 푸념을 늘어놓습니다. 그러나 악순환의 고리를 끊기 위해서는 소상공인들의 의식 전환이 필요합니다.

적극적인 조합원들을 모집하는 것도 중요합니다. 누누이 말하지만 소상공인 협동조합이 성장하기 위해서는 조합원들이 많으면 많을수록 유리합니다. 협업화 지원 최소 조건인 5명에서 정체되어 있다면 협동조합의 지속적인 성장은 어려울 것입니다. 지원에 만족하지 말고 설립목적을 달성하기 위해서 뜻을 같이하는 조합원들을 꾸준히 모집하여 규모의 경제를 이루도록 노력해야 할 것입니다.

둘째로 선배협동조합들의 지원이 절실합니다. 특히 소상공인들이 주요 고객인 신협, 새마을금고는 소상공인 협동조합에게 적극적으로 지원하는 것이 필요합니다. 전국적으로 지점이 분포되어 있어 소상공인 협동조합에게 필요한 총회 개최, 각종 문서 작성, 협동조합 경영 노하우 등을 아낌없이 지원해야 할 것입니다. 예를 들자면 신협이 '어부바' 프로그램으로 개별 소상공인을 지원하고 있지만 소상공인 협동조합을 지원하는 프로그램은 아직 없는 것으로 알고 있습니다. 협동조합 간의 협동을 이루기 위해서는 아직 설립한 지 얼마 되지 않은 소상공인 협동조합보다는 이미 안정화된 선배협동조합들의 적극적인 노력이 필요합니다. 그래야 협동조합 생태계가 조성될 수 있을 것입니다.

정부는 협동조합의 생태계 활성화를 위한 법적, 사회적 인프라를 구축하는 데 역점을 두어야 할 것입니다. 기존의 보조금과 같은 방식의 자금 지원이 아니라 우수한 청년 인재들이

장기적으로 일할 수 있도록 하는 사회적 인프라 구축이 필요
합니다.

소상공인 협업아카데미 주소 및 연락처

구분	주소 및 연락처				운영기관
서울	주 소	서울특별시 영등포구 당산로 38길 16, 석청빌딩 4층, 401호			(협)한국 협동조합 창업경영 지원센터
	전 화	02-2672-1970	팩 스	02-832-1978	
	이메일	sbcoop@kcdc.co.kr			
강원	주 소	강원도 원주시 양지로 80, 센트럴파크투 4층, 307호			
	전 화	070-4233-1069	팩 스	02-832-1978	
	이메일	sbcoop1@kcdc.co.kr			
경기 (인천)	주 소	경기도 안양시 동안구 시민대로 161, 안양무역센터 15층, 1514호			한국 생산성본부
	전 화	031-388-9964	팩 스	031-388-9965	
	이메일	coopkpc@kpc.or.kr			
부산 (울산)	주 소	부산광역시 금정구 중앙대로 1883, 현대빌딩 2층			(사)사회적 기업연구원
	전 화	051-911-0677	팩 스	050-4926-0028	
	이메일	coa@risebiz.or.kr			
경남	주 소	경상남도 창원시 성산구 중앙대로84번길 3, 범한빌딩 603호			
	전 화	055-282-0677	팩 스	050-4926-0028	
	이메일	gn11@risebiz.or.kr			
대구	주 소	대구광역시 중구 국채보상로 489, 유창빌딩 5층			(사)커뮤니티 와경제
	전 화	053-269-9001	팩 스	053-217-5003	
	이메일	dg_ac@cne.or.kr			
경북	주 소	경북 경산시 남매로 6, 협동조합 두레장터 2층			
	전 화	053-214-9002	팩 스	053-215-9002	
	이메일	gb_ac@cne.or.kr			
대전 (충남)	주 소	대전광역시 중구 중앙로79번길 47, 충전빌딩 101호			사회적경제 연구원 사회적 협동조합
	전 화	042-221-9917	팩 스	042-331-0222	
	이메일	c-cmail@hanmail.net			
세종 (충북)	주 소	세종특별자치시 아름서1길 13-5, 마드리드빌딩 A동 509호			
	전 화	044-905-9927	팩 스	044-868-0016	
	이메일	sccoop20@gmail.com			
전북	주 소	전라북도 전주시 덕진구 팔과정로 164, 전북경제통상진흥원 5층			(재)전라북도 경제통상 진흥원
	전 화	063-711-2125	팩 스	063-711-2097	
	이메일	coop@jbba.kr			
광주 (전남, 제주)	주 소	광주광역시 서구 상무중앙로 43, BYC빌딩 7층			사회적 협동조합 살림
	전 화	062-381-4302	팩 스	062-384-1137	
	이메일	sbiz@socialcenter.kr			

설립에서 경영까지 성공적인 협업을 위한 가이드

소상공인 협동조합 A to Z

ⓒ 이승일, 김상영, 주수원, 최정환

1판 1쇄 인쇄 2022년 7월 5일 **1판 1쇄 발행** 2022년 7월 15일
지은이 이승일, 김상영, 주수원, 최정환 **펴낸이** 전광철 **펴낸곳** 협동조합 착한책가게
주소 서울시 마포구 독막로 28길 10, 109동 상가 B101-957호
등록 제2015-000038호(2015년 1월 30일)
전화 02) 322-3238 **팩스** 02) 6499-8485
이메일 bonaliber@gmail.com
ISBN 979-11-90400-38-1 (03320)